喜劇役者の時代

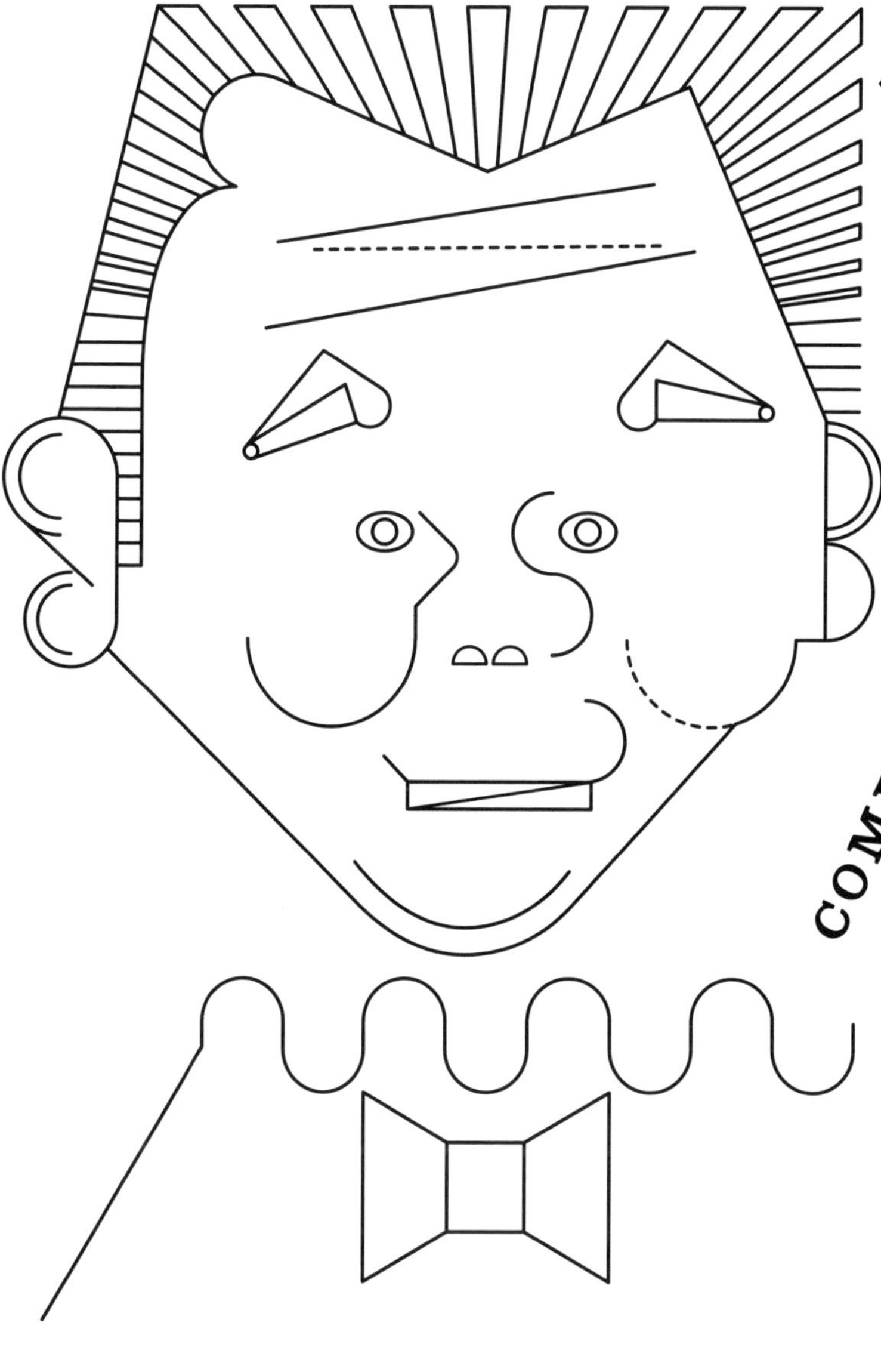

THE las
COMEDIAN

高平哲郎

喜劇役者の時代

THE last COMEDIAN

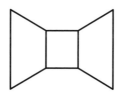

辺境の時代

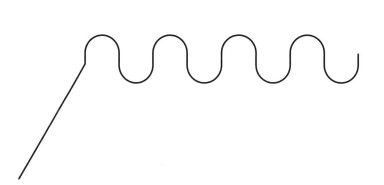

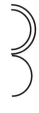

1

戦前、岩手県石巻に主にドサ回りの劇団の公演をする岡田座という劇場があった。

昭和五年、小学校三年の佐々木清治がこの岡田座で初めて見た舞台は、石巻に年に一回来るドサ回りの林正男と桜麗子率いるレビュー団だった。七、八名の女性ダンサーと二人の男性ダンサーを加えた公演は、芝居が二本ほどあり最後はダンス・ショーで幕を閉じる。

清治が初めて見てショックを受けたのが、芝居ではなく〝レビュー〟という西洋の踊りだ。

短いパンツをはいて足を出している女性たちを見て下半身がうずいた。同じ年頃の子たちよりませてはいたが、何故うずくのかはまだわからなかった。男優を見て「俺もああいうのになりたい」と思った。派手な衣裳を着て、ネオンサインみたいな色の灯りを浴びて舞台に出たいと真剣に思った。

それから三日間、ペロンコで小屋に入った。ペロンコとは、ただで芝居小屋に入ることだ。便所の窓から侵入するのが定番だったが、窓が閉まっていて汲み取り口から入ったこともあった。

もともと芝居が大好きだった。小学校一年から学芸会では主役ばかり。親爺は酒を飲むと笑顔で清治を見ながら、親爺は、

「ちゃっこい時から、ドジョウ掬いが上手じょんたな」

酔っ払って飲んでいる仲間の前でドジョウ掬いを強いたが、学芸会で芝居経験をしていた三年生の少年には、あまりやるべき芸じゃない気がしていた。それでも茶目っ気のあるお調子者で人を笑わせた。

「清治は人を笑わすのが好きなんだな。落語家にでもなりたいか」

親爺の言葉に笑顔は返したが、そのつもりはなかった。だが少し調子に乗っておどけると、

「しずねごだ、ちょどしてらい（うるさい、おとなしくしていなさい）。おだってんでねえど（ふざけてるんじゃねえぞ）」

怒られて大人の会話に入ることは許されなかった。もっと酔うと親爺は、『追分』を唄った。いつも聞くうちに知らずに『追分』を唄えるようになった。

三日すると劇団は次の町に向かってしまう。あの夢のような三日間の興行が忘れられず、虚脱したような日々を過ごしていた。

一週間も経たないうちに、新聞であのレビュー団の活字を見つけた。石巻からはちょっと離れた町での公演案内だ。居ても立ってもいられなくなり、この町での初日公演を見ることを決めた。

その日の朝、母親が起きる前に台所に行き、釜に残った昨日の残り飯を二つのお握りにし、居間にある親爺の財布からくすねた金をズボンのポケット深くに押し込んだ。親爺は工務店経営者とは大仰だが、平たく言えば職人を大勢抱えた大工の親方だ。まあまあ裕福な部類の家庭だった。清治は男三人女三人

の二男だ。

駆け足で石巻駅まで行くと、路線図を眺め、駅名を確かめてから線路沿いを歩き始めた。それから軽便（鉄道）で三駅か四駅離れた町まで何キロも歩いた。

町の芝居小屋に着いたのは、公演の始まる三十分ほど前だったが、大半のお客は中に入ったらしく、切符売り場には人の列はなかった。

さすがに初めての劇場でペロンコは出来なかった。あとで便所を偵察して、今度来るときはペロンコで入ろう。

そう思いつつ入り口のおばさんに、

「子供一枚《いじめぇ》」

「兄ちゃん歳なんぼ？　親と一緒でねぇど入らんねえよ」

そう言われた時の対策は考えていなかった。だが杞憂に終わった。おばさんは何も言わずにすんなり切符を売ってくれた。子供は半額料金だ。もとより女性の足を見せるレビューなどは子供の見るものではない。だからといって成人向けなどの指定もある筈がない。小屋側としては客が入りゃあいいんで、子供でもなんでも入れちまえという姿勢だった。

指定席はないので当然一階で見るつもりだった。扉を開けて驚いた。超満員で目の前には立ち見の男客の尻しかなかった。仕方なく二階に行った。後ろの二列がかろうじて空いていた。

幕開きは岡田座で三回見た芝居と同じだった。もしかして違うことをやってくれるかもしれないと期待したが、着ている物も出てくる台詞もすべて同じだった。客も同じところで笑い同じところで拍手をした。毎日同じお芝居をすることがちょっと不思議に思えた。毎日やって飽きないんだろうか？

休憩を挟んでお待ちかねのレビューが始まった。三度見たダンスでもやっぱり素晴らしい。何より踊り子の生の足を見るのが主な目的なのだから、構成や出来不出来などどうでもよかった。足を見て下半身がうずうずしてくると、子供心に最初の芝居は付け足しだという気がして来た。

冷房などはなかったが夏の劇場は風通しがよく、レコードでかかる音楽と華やかな舞台を見ている内に、すっかり寝込んでしまった。

公演が終わって十分もすると、満員だった一階席の客はすべていなくなり、二階席は居眠りをする清治だけになっていた。

「あら、どごのわらすだごと？　寝でんだいが……なんだべ、さっきのやァっこだ。ほれ起ぎろー、芝居終わったど」

眠い目をこすると、さっき切符を売ってくれたおばさんが塵取《ちりと》りと箒《ほうき》を持って立っていた。

「座長、子供が二階で寝でんだげっども」

舞台を片付けている団員たちに向かって二階から大声で叫ぶ。このままずぐ隣り町に行かなくてはならない劇団員たちは片付けの手を休めないで二階を見た。

「あたしが、今行くよ」

微睡に入った耳に聞こえたのは桜麗子の声だった。舞台で芝居が続いているのかと思った。その声が二階に上がってきた。

「起きなさい坊や、起きなさい」

肩に触れた手。きれいな東京弁。そして白粉の臭い。下半身がまたうずいた。劇団を率いる桜麗子の顔が自分の顔にもうすぐついてしまいそうなところにあった。こんな別嬪《べっぴん》をこんな間近で見たのは生まれて初めてだ。

「どうしたの?」

うっとりして目の前の女の顔を見つめていた。

「お母さんに置いてかれたの?」

黙って首を横に振った。

「一人で来たの?」

その質問の答えとは違った言葉が口から自然に出た。

「ここさ、入りてんだげっとも」

麗子は驚き呆れたが笑顔で言った。

「なに言ってんの。おうちに帰んなさい」

「なんでかってても入りてんだげっとも」

念を押すようにもう一度言った。

麗子の綺麗な顔を目の前にすると、この女《ひと》と今日から毎日一緒に居たいという気持ちがますます募る。

そうだ。いつか、この女を嫁にもらおう。

「大人になったらね」

麗子が清治の言葉に答えてそう言ったのに、お嫁にしたいという気持ちに答えられたような気がして、
劇団に入れないのより悔しい思いがした。

「おしげさん、この子の住所と名前を聞いて、すぐ親御さんに連絡してちょうだい。あたしたちはもうすぐ出なきゃならないから、お願いねッ」

それからおばさんの後について小屋の事務所に行った。芝居や映画の手描きのポスターが所狭しと壁に貼ってある。

「名前と住所」

「佐々木清治。岩手県石巻《いすのまき》……」

おばさんは、チラシに書いた清治の名前と住所を手に壁に掛けられた電話で地元の警察を呼び出していた。警察？　ことが大きくなってきてさすがの清治も胸の鼓動が激しくなった。

「そうですか。捜索願が……そりゃいがったね。ハイハイ……」

それから一時間ほど経ったろうか。小屋の事務所に父親が飛び込んできた。

「馬鹿野郎！」

親爺の第一声だった。殴られると思ったが手を上げなかった。うちで一番威張っている親爺がおばさんに頭を下げている。

「ありがとうございます。朝っぱらから、近所中探し回ってもどこにもいないんで。ええ、警察に捜索願を出したのが良がった」

帰りは軽便に乗った。駅で汽車が来るのを待つ間、親爺の買ってくれたスルメをかじっていた。握り飯よりスルメをしゃぶって見た方がレヴューにふさわしかった──惜しいことをした。

それが清治の最初の家出だった。

2

二度目の家出は中学一年だった。その頃になると無性に東京に憧れるようになっていた。いつまでも日本の中心から離れたこんな辺境の地にいるわけにはいかない。ここで生れ、ここで育ち、ここで死ぬことはない。東京に行くしかない——今度はほんとの家出をした。

キャラメルと五十銭玉を持って、石巻からまた線路伝いを歩いた。この線路は東京までつながっているはずだ。そう思ってどこまでも歩いた。三十キロ近く歩いた先の小牛田《こごた》で捕まった。

三度目は中学二年の夏だ。この頃、親爺の商売も傾いて財布から金を盗むのも子供心に心苦しかった。

そうだ！　神社の賽銭箱。あれだ！

子供の時分から目的達成のためには惜しみなく心血を注いだ。

どうやって賽銭箱の中の金を盗る？　釣り針をつけて魚を釣るように……無理だ。そこで考えたのはかみきり虫に糸をつけてお札を釣る方法だ。早速実行に移したが、手間がかかるばかりで一銭か五銭しか釣れない。明け方までやって家に帰って勘定をすると幾らもなかった。東京へ行く旅費には程遠い。

でもなんとかなるだろう。

家出の日取りは親爺が仕事で家にいない日を選んだ。

ぐっすり眠って目が覚めた。昨夜は寝間着に着替えないで服のまま寝た。これで準備万端だ。そのまま家を出ようとした。

「ごら待で！」

お袋の声がした。首根っこを掴まれ、座敷の蚊帳の中に引っ張り込まれた。お袋は泣きながら清治の両の甲の筋がぶっちぎれるくらいつねった。

「そごで待ってろ。逃げんでねえど」

台所から出刃包丁を持ってきた。

「お前、神様のお金盗むなんて」

そう言って自分の頚《くび》に出刃包丁の刃を当てた。

「そったらごとすんだら死《す》ぬがら」

学芸会で芝居に自信がついた清治より、お袋の方がずっと芝居が上手かった。

初恋は中学一年だった。近所にある及川果物店の娘だ。美人でスタイルも抜群だった。毎日用事もないのに店の前を行ったり来たり。清治は精いっぱいのお洒落をした。といっても油を塗っててかてかにした学帽に学生服。そこに赤い靴下を履いた程度だ。

その赤をチラチラさせた。店の奥の方から相手は何気なくこっちを見るが、すぐ眼をそらしてしまう。

ある晩、例によって果物店の前をウロウロしていた。

夜中に口笛をピーピー吹けば、親の目を盗んで出て来るに違いない。ロミオとジュリエットみたいだ。

でも幾ら吹いても出て来ない。

ふと脇を見るとバナナが二本転がっている。色気もあったが食い気もあった。そのバナナをガバッと口に入れた。青くて堅くて旨くはなかったが、腹も減っていたのでとにかく平らげた。

あきらめてすぐ家に帰ればいいものを、また口笛を吹いてみた。急にお腹が痛くなった。下もピーピーいい出したのだ。我慢が出来ずにバナナの籠の脇にしゃがんで用を足した。みっともないロミオだ。悪いことは続くもので、用をしている最中にその籠がガサッと崩れてきた。間もなく店の戸が開いた。

「なんだや？」

その声の主は我が愛しのジュリエットだ。手には懐中電灯を持っている。

「いっけねえ」

下ろしたズボンをそのままにお尻を出して蟹みたいに横歩きをして逃げた。すべてをジュリエットに見られた。

初恋はそれで終わった。

生涯女好きで通した清治だが、この初恋後に初めて女を知った。

近所に住んでいた二〇歳くらいの女だ。確か六つほど上だと本人から聞いたことがあった。

通学の往路、いつからか女が必ず声をかけるようになった。

「セイちゃん、セイちゃん」

いつの日かからそれに答えられるようになった。

「やらせろ！」

相手構わずこんな声をかける清治ではなかった。むしろ照れ屋で、男女問わず相手の顔をまともに見て話すことができなかったのである。よく父親に、「目を見て話せ」と言われたが、相手の目を見て話すなんてことは出来なかった。これは長じてからも治らなかった。

その日町を歩いていると、前からその女が来た。なんだかいやらしく誘うような目でこっちを見つめたまま、すれ違いざまに、

「今晩やらしてやるよ」

と言ったのだ。清治はその場で立ち止まるとまっすぐ前を向いたままごくりと唾を飲み込んだ。

それから夜が来るまでが長かった。女のことを考えると、下半身は痛いほどパンツとズボンを突き上

げる。いっそ自分で出しておこうかとも思ったが、それもなんだかもったいない気がして我慢した。

家族との夕食を手早く終えると、まっすぐ女の家に向かった。

側まで行くと、自宅の少し先に女が立っていた。

嫣然《えんぜん》と微笑み、昼間以上のいやらしい目を向けて手で「おいでおいで」をしながら歩きだした。

追いかける清治は股の間が突っ張っていて歩きにくくて仕方なかった。

女は近くの空き家の前で止まり、家を指した。

女の後をついて勝手口から家の中に入った。

夏の夕方は長い。夕日が座敷だったらしい部屋をうっすらと照らしている。

畳が上げられて十枚程重ねられてあった。

女は畳を下せという素振りをした。いやらしい目をみると、もうまさに爆発寸前になる。

半分程の畳を抱え、ポンと床に落とす。

女はすでにモンペを下ろし、下をはだけたままにしている。

こっちもズボンは下ろしたものの次にどうしていいかわからない。

「早くぅ」

女の色っぽい声が引き金になった。パンツの横っちょからものを出した。掴まれた途端に発射した。

女は何も言わずに無表情のまま自分の手拭いで拭いてくれた。それが刺激になって清治のものはもう回復していた。零時前に二人は別れたが信じられない数をこなしていた。別れ際、

「明日も会おうか」

言われて大きくうなずいた。

「今晩と同じ時間に、家の側の外便所で待ってる」

外便所は二、三軒の家が共同で使っている。

人が来て戸を叩いたらどうするんだろう。二人で出てくるわけにもいかないし。ただやりたいという一心にそんな考えが入り込む余地があるはずがない。

昨夜と同じ時刻に同じ場所に来てみると、同じところに女がいない。外便所の中で待っているのかな？と目をやると、

「えへんえへん」

中から女の咳払いが聞こえてくる。便所に飛び込むと、清治は女の口を吸った。お互いの手が相手の下半身をまさぐっていた。

それから毎晩だった。清治が来たときに便所の中に女がいない時は、先に入ってピー、ピーと口笛で女にアピールした。頬っぺたが疲れるほど吹いても女が来ないこともあった。そんなときはうちに帰っ

てセンズリをするしかなかった。

三か月ほど経って女の姿を見なくなった。噂ではどこかに嫁いでいったらしい。その日からしばらくセンズリが続いた。

石巻は漁師町だから女郎屋があった。女郎屋を草餅屋と呼んでいた。大漁と書いた長半纏《ながはんてん》をひっかけた漁師が、一物の先っぽを藁でキュッと結んで町の中を歩く。町の若い女たちはキャーキャー言って逃げ回った。男はそのまま草餅屋に直行する。そんなのを見ていたせいか、女郎屋に行く気はしなかった。俺はもし上京しても女郎屋にはいかない。金を出して玄人女を抱くなんてことは面白くもなんともない。女優でも人妻でも学生でもいい。抱くなら素人女だ。

上京して男女関係にうるさい劇団に入って、仕方なく玉ノ井辺りに通うようになる自分の未来など想像もつかなかった。

東京へ家出する気持ちは、いったんは収まったかに見えた。だが、清治の気持ちは変わらなかった。中学五年だった。今度はちゃんと計画を立てて、悪友二人と東京行を決行した。今度こそ成功した。

当時は、東北から東京へ行くにはいくつもの汽車を乗り継ぐ大旅行だった。東京へ行く我が子を親や親戚が駅で「バンザイ」で送る時代だった。

東京行は成功したが一週間もしたら金が底をついた。仕方がないから大井町にある親戚に金を借りに出向いた。出向いた先に親爺が待っていた。あえなく捕まった。

「このまますぐ、帰《け》っとう」

大井町から満員の電車で上野駅に向かう。もとより二度と田舎に帰る気はない。品川でドアがプシュッと開いた。咄嗟に清治は決めた。同じ音を立ててドアが閉まる瞬間、ホームに降りた。電車の窓越しに慌てる親爺の顔があった。

その顔を見るとさすがの清治も「悪いことをした」という気が起きた。それでもそのまま電車で運ばれてゆく親爺を見送るしかなかった。

「サヨナラ」

つぶやいたその言葉にはもちろん感傷もなかったし、かといって同情も反省も潔さも何もなかった。

その日から清治は一時行方不明者になる。

それでもアルバイトには事欠かなかった。

荷物の梱包の仕事を始めて一月も経った頃、電柱に歌謡生募集の張り紙を見つけた。歌を習いたい。俺は歌を習うべきだ。そのまま椎名町にあるその学校に入学した。東海林太郎などに歌を提供していた作曲家・田村しげるの学校だ。田村に面接して、田村のピアノの伴奏で東海林太郎の歌を歌ってみせた。

「歌手志望はいっぱいいるんだ。あなたがその中で抜きんでてるとは思えない」

その学校に入学するのを止めた。その足で角筈《つのはず》二丁目にある陸奥明歌謡学院に行き入学した。

翌週からボクシング・ジムにも通うようになった。

昼は梱包、夜は学院かジムという生活が一年以上続いたところで、歌謡学院の院長に、

「うちの養女が来てるからちょっと歌わせてみようか」

それがまだ女学生の菅原都々子だった。天女の声は聞いたことがなかったが、女学生の歌を聞いて「まるで天女のような声だ」と思った。こんなものが世の中にいるのかとがっかりしてその日に学院を辞めた。

時に紀元二六〇〇年年、昭和十五年、清治十九歳。

3

ムーランを初めて見たのは、親爺を捲いたほとぼりも醒めて叔母のところに戻った頃だ。叔母は清治の母親の妹で夫は報知新聞に勤めていた。

この叔父の勧めで、報知新聞の入社試験を受けてみた。答案用紙に書かれた問題は全く判らず、二十文中わずか二問がやっと答らしきものが頭に浮かぶくらいだ。まさにお手上げという奴で、どうせならと解った二問の答えも書かず白紙のまま返した。当然、受かるわけがない。

梱包の仕事が急に早く終わったので一旦うちに帰ると、おじさんの上着が茶の間に吊るしてあった。昔の悪い癖が出た。内ポケットを探ると裸のままの札が数枚あった。早速いただくと、そのまま新宿に向かった。ムーランを観に行こう。

東口の改札口を出て中村屋の角を曲がると、新宿でも華やかな通りに出た。まず目に入るのが赤い風車だった。そこがあのムーラン・ルージュ新宿座だ。何度か劇場の前は通ったことがある。見上げるとたくさんの女が足を上げて踊っている大きな看板がある。田舎で見たレビューの踊り子とは衣裳も顔も足の綺麗さも比べ物にならない。しかも踊っている踊り子の人数が凄い。いつかここに来なくては。それが今日実現する。

切符を買って中に入った。

舞台を見て身震いした。ちょっぴり笑って泣きで終わる芝居の作りに感心した。やるなぁ。幕前の寸劇を挟んでもう二本の芝居を観た。一本は全く笑いがなかった。いかにも都会的な寸劇を挟んで幕が開いて大詰になった。華やかなライトと衣裳と美しい足の乱立に度肝を抜かれた。生れて初めて本当に感動した。ますますここへ入りたくてたまらなくなった。いつもならうずく下半身がうずかなかったので、これは不純な気持ちでなく演劇をやりたいという純粋な気持ちなのだと思った。

興奮覚めやらない心地よい気持ちを抱きながら帰途についた。

ムーランに入りたい。どうしたら入れるのだろう。叔父は報知……新聞社ならなにかコネがあるかもしれない。

叔母の家に帰るなりくすねた金のことも忘れて、仕事を終えラジオで落語を聞いている叔父に、

「ムーランの関係者を紹介してくれる人はいないかな」

肘枕をしていた叔父は起き上がって、清治の顔をまじまじと見た。

「今、なんてった？」

清治はもう一度同じことを言った。

「ムーランかぁ……うん、文化部の山岡という男を紹介してやろう。楽屋に行きたいんだろう」

ニヤッと笑った叔父は、まさか清治がムーラン入団を希望しているとは思わず、舞台で見つけた踊り子の一人にでも気に入ってサインのひとつももらいたいのだと勝手に推測した。

翌週、新宿で山岡と会うことになった。待ち合わせ場所は紀伊國屋書店の一階だった。

清治にはまるで縁のなかった新宿の本屋は当時としては九十坪の大型書店だった。一階のどこにいればいいのだろう？　清治は多少馴染みのある「新映画」「キネマ旬報」等の雑誌が平台に並ぶあたりに身を置き、「東宝映画」の頁をペラペラとめくりだした。この雑誌は写真が多くていい。最初に手にした「映画評論」は活字ばかりで面白くもなんともない。

「佐々木くん？」

少し太めの声に気づき振り向いた。ダブルのスーツにエンタツの様な髭を生やした叔父より少し若い男がそこにいた。

「山岡だ。ムーランに行くぞ」

山岡は、それきり何も言わずに店の出口を目指して早足で歩いていく。慌てて小走りで男を追う。

道を渡って山岡が振り向いた。

「ムーランの誰に会いたい？　明日待子か。それとも小柳ナナ子か」

「そんなんじゃない」

言葉は標準語だが訛りはまだ治っていなかった。

山岡は足を止めて、初めて清治をじっと見た。

「男優か？」

「いえ、ムーランに入りたい」

「えっ……」

「ムーランに入りたい」

「こりゃ驚いた。入団希望か。待て、ちょっと話そう」

山岡は駅の方に戻った。中村屋の数軒先の三階建のビルの前で止まった。一階には見たこともないような高級な果物が並べられている。階段を上がって二階に行く。タカノフルーツパーラーという看板があった。席についていて女給が来ると山岡は、

「フルーツ・ポンチ二つ」

運ばれてきた緑色の液体の中にぎっしり詰まった様々な果物に目を見張った。

「初めて見たろう」

洒落たガラス容器を見つめたまままうなずいた。

「じゃ初めて食べるんだ。まず、食べちゃいな。話はそれからだ」

あっという間に平らげると、じっと見ていた山岡は少しだけ口にした自分のフルーツ・ポンチを清治の方に押し出した。

「これも食べちゃえ」

二つ目もペロリと食べた。林檎以外は食べたことのない果物ばかりだった。お冷を飲もうとしたが、この味が消えてしまいそうなので止めた。

「坊や、ムーランについちゃあ何にも知らないだろう。ムーラン・ルージュ新宿座は昭和六年十二月に開場したとか……」

そういえば、ムーランについて知っていることはレビューをやることくらいだ。

「ムーラン・ルージュの名前の由来を知ってるか？」

「……」

「フランスはパリーのモンマルトルにあるキャバレーがムーラン・ルージュだよ。赤い風車という意味だ。屋根に赤い風車がある」

それで、新宿のムーランにも赤い風車があるんだ。

「坊や、野球できるか？」

何の話だ？　野球は知ってはいるがやったことなどなかった。

「野球ができきっとどうなんですか？」

「あのな、ムーランの野球部に欠員が出たんだ。坊や、野球が出来れば、ムーランに入れるかもしれない」

「野球できます」

やったこともない野球だが、こっちは何としてでもムーランにとっかかりが欲しい。

「そうか。キャッチャーできるか？」

「キャッチャーできます。学校の頃やりました」

自分でもそんな気になってきた。

「そうか。学校でやってたなら上手いだろう。今日はここで解散するが、明日朝七時に来いよ」

「ムーランにですか？」

「馬鹿、誰もいないよ。野球の練習場だ。今、地図を書いてやるから」


朝五時に起き、叔母が作ってくれた握り飯を二つ食べた。六時半に練習場所に到着。十五分ほど辺りをウロウロしていると、若い役者らしい男に声をかけられた。

「山岡さん紹介のキャッチャーの佐々木くんだな」

「はい！」

「コーチの水木だ。ムーランの若手ナンバーワンだ。この運動着に着替えてグランドに来い」

放り投げられた運動着を持って、指定されたロッカールームで着替えた。

グランドに出ると、キャッチャーと豪語してしまったので、すぐ座らされ捕球体制にさせられた。前から容赦なく球が飛んできた。グローブでもほとんどの球を取ることはできなかった。しかし、これを逃したらムーランに入れない、なんとか入りたいと思う一心から、顔と体で球を受けた。三〇分もしたら目の周りは黒く腫上がっていた。

「キャッチャーはいい。遠投やってみろ」

「なんですか？」

「ボールをできるだけ遠くまで投げる。やってみろ」

十球ほど投げると、

「遠投はまあまあだな。次は走りだ。俺が行けと言ったらホームからスタートしてダイヤモンドを回って戻ってこい」

「ダイヤモンド？　どこに？」

「一塁から二塁、三塁を回って本塁までだ。行け！」

足の速さには自信があった。

「よーし。キャッチャーは無理だけど足が速いから球拾いで雇ってやる。明日からムーランに来い」

4

翌日からムーランに入団出来たわけではない。あくまで見習いである。何はともあれ認めてもらおうとして毎日が一所懸命だった。

あてがわれる仕事はほとんど文芸部の用事だ。使い走りをやったり、ガリ版刷をしたり……。

忙しい一ヶ月が過ぎた頃に、文芸部の戸山英将から声をかけられた。戸山は主にバラエティの構成演出と音楽を担当していた。

「坊や、どこに住んでる？」

「大井町の叔母さんのとこです」

「大井町か。遠いだろう。俺んところに来い。ここからずっと近い」

鞄一つの荷物を持って、翌日、地図通り来た下宿は朝日湯という銭湯の二階にあった。銭湯？　下半身がかすかにうずいた。

その晩、戸山に引っ越し祝いと言われて近所の蕎麦屋に連れて行かれた。板わさと蕎麦味噌を前に、清治の盃に熱燗が注がれた。

「坊や、何になりたいの？　将来」

間髪をおかずに、

「ええ、役者です」

と答えた。

「そうかい、役者か……台本書きとか演出には興味がないか……」

将来に関しての話はそれで終わりだった。

その後は蕎麦の喰い方とかつまみはなにがいいとかを教わった。

後に清治が〝由利徹〟として有名なコメディアンになった時、食するものの趣味の良さを誉められ食べ方が綺麗だと言われたのは、この頃、戸山と数多く旨いものを食べたおかげかもしれない。

それから一週間ほど経ったろうか、楽屋で次の芝居の主役をやる役者の着付けを手伝っていた。そこに入って来た戸山が役者に、

「お前、この坊やちょっと出してやれや。坊や、そのカツラかぶって出な」

それが初舞台になった。通行人役だった。それから仕出しとして様々なチョイ役を与えられるようになった。

数か月経った頃、戸山に、

「坊や、明日から研究生だってさ、よかったな」

その晩、お祝いだと言って鰻丼をご馳走になった。

清治が自宅の下の銭湯を見逃すはずがない。

下宿して二日目、覗ける隙間を探した。あったあった。二階の廊下に五センチほどの隙間を見つけた。廊下に這いつく張るとそこから女湯が見える。

一度、気分が悪くてムーランの稽古を早引けして下宿に戻ったことがあった。ふと、この早い時間ならと思って腹ばいになって隙間から下を覗く。脱衣場では仕事前の花街の芸者などが続々来て裸になる。こいつはいい。一ヵ月もしてムーランに馴れてくると、早引けして下宿に帰り、腹這いになりこちこちの下半身の物をしごき、手早く済ませるとまた稽古に戻るという技を覚えた。

ムーランの研究生は当時、十二、三人いた。その末端に清治が加わった。月給も十五円から二十円に上がった。やっと役者の道を歩み始めることになった。自分で南啓二という芸名もつけた。

この頃のムーランは、主宰者であり劇団主であり経営者である佐々木千里の元に、文芸部長は小崎政房。その下に戸山を始め斎藤豊吉、菜川作太郎、霜川遠志、中江良夫、小沢不二夫、大垣肇、金貝小象等がいた。一週間交代で自分の書いた芝居を演出した。役者では大幹部の左卜全を筆頭に、黒木憲三、山田正太郎、明日待子、小柳ナナ子、野辺かおる、鈴懸銀子、千石規子、外崎恵美子(斎藤豊吉の妻)、池上喜代子等がいた。プログラムをいつも見ていた清治はキャストスタッフの名をフルネームで覚えていた。


ムーランに入って一年の月日が経った。清治自身、この劇団に定着したという実感があった。

そんなある日だ。田舎から弟を連れて母親が清治の舞台を観に来たのだ。

清治は酒屋の小僧役で、御用聞きで出てくる。出番待ちの袖から客席に母親と弟の姿を見つけた。ムーランのあか抜けた客の中で二人を探すのは簡単だった。

舞台袖に立つといつになく緊張している自分に気づいた。こんな気持ちになったのは初めてである。

出番が来た。「よし！」――自分を鼓舞したつもりだった。いいところを見せてやる。

帳面を見ながら「ここんちかな？　ここんちかな？」と言いながら舞台に出て行った。

客席から声がかかった。

「あんつぁーん、シューズあんつぁーん」

あまりの大声だったので驚いた客の半分が声の方を見た。

「あんつぁん出てぎだ。おがっちゃん、あんつぁん出てぎだ」

客の間からいくつか笑い声が起きた。

「ちわー、こんんち御用はございませんか」

それだけの台詞が出てこない。「おがっちゃん、あんつぁん出てぎだ」という弟の言葉で胸がいっぱいになった。何とか台詞を言わなくては……そしてやっと出たのが、

「つわー」

これで完全に取り乱した。先輩に言われて「つわー」という訛りの修正を一所懸命やって「ちわー」と言えるようになったのに。

体中がガタガタ震えだした。

こっちの台詞に答えるのは女優の外崎恵美子だ。彼女が異変に気づいた。そこでアドリブの台詞を言った。

「なんだい小僧さん、おしっこかい？　おしっこなら向こうに原っぱがあるよ、行っといで」

窮地から救われた。

「はーい」

小走りで出てきたところに戻った。

外崎は相手役の台詞も全部覚えているような女優だった。ムーランの演出家や先輩役者の「てにをは」の間違いをすべて指摘した。ムーランではアドリブは全面禁止だった。外崎は決まりを破って、清治に

とっては起死回生のアドリブをしてくれた。

数歳上の外崎にずっと上の姉のような親しみを覚えた。


十代の田舎出の清治は周りに可愛がられるところがあった。ムーランは他の劇団より入場料も四割ほど安いから早稲田の学生も多いが、金回りのいい文化人や大会社の役職のある客たちも多い。こうした面々が、仕出し役者が楽屋口から出てくると「坊や、おいで」とよく飲ませてくれた。

中には変な男もいた。楽屋口を出ると、

「名前なんて言うの」

髭剃り跡が青々としているようなごつい男に声をかけられた。

「ぼく南啓二っていうんです」

「そう、南の坊や、あの、仕事終わったのかい？」

「ええ、終わりました」

「じゃ、飲みにうちぃおいでよ」

近所で少し飲んでからその男について十二社にある家まで行った。一軒家の綺麗な家だった。男は服飾デザイナーで、ここに一人で住んでいた。

応接間に入るとサイドボードに、ずらっと舶来のウィスキーが並んでいた。

「好きなもの、何でも飲んでいいから。これ飲んでみるかい」

なんだか旨いものもいっぱい出てきた。飲んで食べてすっかりいい気持になっていた。

「今晩泊って行きなさい」

「そうですか、どうせ、下宿代溜まってて帰れないからお願いします」

「あんた、このベッドに寝なさい」

疲れもあってすぐ寝こんだ。

夜中も過ぎた頃、重みを感じだ。それから下半身がいい気持になってきた。すると突然固くなった下半身に強い痛みを感じた。

「痛てェ」

目を覚ますと、男の背中があった。後ろ向きになって上に乗っている。しかも自分の尻の穴に清治の物を無理矢理に入れていた。グーッと力を入れて男の尻をどかし、暴れまくるようにしてベッドから出て、一目散に退散した。ズボンを下におろしたまんま、靴も履かず靴下だけで家を飛び出た。

5

外崎だけでなくもちろんムーランの女優には可愛がってもらった。小柳ナナ子も優しかった。「優しい人だ」――それ以上の感情は持たないようにした。先輩女優に対してだけでなく劇団内で男と女の関係ということはありえなかった。佐々木千里が男女関係に厳しかったからである。男優も文芸部の男たちも同じ劇団の女優を口説くようなことはまったくなかった。

ムーランの男優は喫茶店の女給によくもてた。清治ももてた。二枚目というより可愛い顔をしていたせいもある。

清治は喜劇役者ではなかったし、ひょうきんさなどはまるでなく喜劇そのものを馬鹿にしているところさえあった。自分でも二枚目役者だと思っていた。

新宿には綺麗な女給がいる喫茶店がたくさんあった。「紫苑」はムーランの側にある。研究生たちは同じ値段ならコーヒーより焼酎を選んだ。それでも同じくらいの歳の仲間から「紫苑」に誘われると付き合うことも忘れなかった。

全員が一張羅の背広で頭をリーゼントにした。背広がない奴は衣裳部からこっそり借りた。脱いで椅子の背にかけると裏に「東京衣裳」と書いてあるなんてことはよくあった。小道具の靴を借りた日に雨になって底のボール紙がはみ出してきたこともあった。

若い女優を交えて、劇団員が喫茶店で遅くまで芝居の話をすることが多い。そういう時、清治は何も喋らなかったので、静かで真面目な青年で通っていた。喋らなかったのは東北の訛りを聞かれたくなかったからだ。訛りがひどいと役者になれないぞと研究生仲間にも言われたことがあった。

ムーランの女優に助平心が起きても絶対手を出さなかった。それでもやりたい。そういう時は吉原か玉ノ井、須崎、鳩の町といろいろ行った。泊りが五円だ。新宿や浅草で飲んでいたら、すぐ金がなくなるからムーランが終わったら玉ノ井に直行した。安い金でいい女と遊ぼうとするから、玉ノ井に並ぶ店の前を行ったり来たり、それとも近くの鳩の町へ行ったり。そこまで来てから須崎の方が安いんじゃないかと思い直し、須崎に向かった。いろいろ行ってみたが、清治の好みとしては玉ノ井が一番だった。玉ノ井は情緒があった。「抜けられません」なんて立札があったが、本当は抜けられた。そういう演出も好きだった。

玉ノ井に行くと、三〇歳はとっくに過ぎた四十五、六のおばさんがおかっぱ頭にセーラー服で下に毛布を巻いて家の中に座っている。

鳥の巣箱をちょっと大きくしたようなところに女たちが顔を出し、そこにピンクのライトが当たっている。外からチラッと見ると、

「わぁあ。かわいい子だなあ」

と思うように演出しているのだ。芝居をやっているのでそういうところにすぐ気が行ってしまう。演出だと思ってもセーラー服を着て前髪を垂らしていたら、やっぱりかわいい。

でも声をかけてくれたのは下半身に毛布を巻いた四十五、六だ。あの毛布の下は股引をはいているに違いない。

「おにいさん、寄ってらっしゃいよ。わたし、寂しいの、ねえ」

ちょっといい気持になって、その場でタップをちょこちょこっと踏んで見せた。

「まあ、素敵」

女が拍手をしてくれた。

そう言われても、もっといいのがいるんじゃないかと他を回る。そのうち終電までの時間がなくなってきて、さっきの四十五、六でいいじゃないかという気になってくる。

「やっぱりあそこさ行ぐか」

引き返すと、既に客が付いてしまって、結局あぶれてしまう。そんなことがよくあった。

顔見知りになった娼婦に惚れてしまったこともあった。

「私ね、来年の秋になると借金も終わって、ここ辞めるんだ」

寝ながら女にこんな身の上話みたいなことを言われるとついつい言わなくてもいいことを言ってしまう。

「好きなんだよ。それまで待づから結婚すっぺ」

と思わず答えてしまった。娼婦は軽い気持ちで言ったのに清治は夢中になった。まだ可愛いところのある年齢だった。

吉原に泊ったとき、朝帰ろうとして銅の洗面器が目に入った。貧乏していたから、くすねられるものなら何でもくすねてやろうという根性がある。洗面器を背中に入れて何食わぬ顔をして、

「じゃあ、また」

と表に出ようとしたら、朝まで一緒だった女に、

「また来てね」

背中を叩かれた。カーンと音がした。

「あら?」

「ん?」

とぼけてそのまま帰った。

この頃から女にはもちろん喧嘩にも手が早かった。その性癖は一生続くことになるが、ムーラン時代は色っぽい話もなく喧嘩も数えるほどしかしていない。素行の悪さはムーランの研究生には致命傷だったせいもある。

それでも喧嘩は一つだけある。常番と言われる楽屋の下足番を殴った事件だ。常番は、楽屋でも飲み屋でも、清治の訛りを真似して周りを笑わせていた。そのくらいで怒る清治ではなかったが、楽屋を訪ねてきた母親や弟の真似にはさすがに腹が立った。

「シェージをよろすくおねげーすます」

必要以上に卑屈に言って演じるのだ。周りの笑いもさすがに少なかった。

遅い夜だった。南口甲州街道下を歩いているとき、ばったり常番に会った。こともあろうにまたあれをやったのだ。

「シェージをよろすくおねげーすます」

定番のお腹のあたりで清治のパンチが炸裂した。粋がって通っていたボクシング・ジムも伊達ではなかった。そのまま頭を掴むとコンクリートの壁に思いきり叩きつけた。常番は大の字になって道路に横たわると動かなくなった。

殺した？


一晩考えて北海道に逃げることにした。

朝早く新宿駅で函館までの切符を買った。

青森で降りた時、同い年の研究生に電話した。

「定番どうした？」

「どうしたって何がどうした」

「来てないだろう？」

「来てるよ」

「来てるって？　どっか怪我でもしてないか？」

「別に」

ほっとしたものの自分の目で確かめなければ不安で仕方がない。

元来大胆な割に気の小さいところがある。

上りのホームに行き、次の列車で東京に戻った。

楽屋に行くと、何事もなかったような顔をした常番がいた。

中江良夫の警察もの『地層』を最後に清治は兵隊に行くことになる。その頃のムーラン・ルージュは敵性語なので作文館の名称になっていた。

ムーランに入って一年半が経つ頃、清治は二十歳になった。

石巻の実家から赤紙（召集令状）が来たという知らせがあった。兵隊に行くなんて嫌で嫌でたまらなかった。

先輩と飲んだ時、兵役逃れに醤油を飲めと言われた。醤油を一升飲んだら心臓がドッキドッキするというのだが、醤油を飲むのはどう考えても嫌だった。どうしたら徴兵検査に不合格になるだろう。毎晩、布団に入って考えた結論が「肺炎になる」だった。

翌日から芝居で顔に塗る粉を吸い始めた。清治の鼻の穴は人より大きいから、たくさん吸える。少しばかりコンプレックスだった鼻の穴をこの時ほど有難く思ったことは後にも先にもなかった。一週間もすると本当に胸がおかしくなってきた。

田舎に帰って検査を受けた。一発で甲種合格の判子を押された。甲種というのは合格し即入営となる可能性の高い者の判定区分で、甲種合格の目安は身長一五二センチ以上、身体頑健だった。そんな甘い判定で不合格になるはずもない。

入営する前にムーランに顔を出した。すでに坊主頭になっていた。研究生だったが、入隊祝いということで一場面だけ主役にしてくれた。バラエティ部分に兵隊の格好で出た。「祝入営、佐々木清治君」と書いたタスキをして舞台中央に立つ。ムーランの踊り子たちがその両脇に並んだ。

「この度入営することになりました。元気で行ってまいります！」

踊り子たちも袖に集まった役者たちとスタッフ、そしてもちろんお客さんも、全員が拍手で送ってくれた。

清治、戦前のムーランで唯一の檜舞台だった。

6

清治の入営先は仙台管轄の第十三師団の高田砲兵隊になった。客員待遇だったので考えていたよりずっと待遇が良かった。楽なもんだと思った矢先、三日目に散髪屋が現れ、また生えかけた頭の毛を切られて、爪を切られた。なんで爪を切るのだろうと不思議に思っていた。

「親を呼べ！」

と上官に言われ、呼ばれた親にその爪を渡す妙な儀式があった。あとでそれが遺髪や遺品になることを知った。

親たちが帰ったらすぐ、

「明朝四時起床！　五時出発！　諸君はこれから北支（中国北部地域）に行く！」

高田砲兵隊は入営三日で終わった。

北支行きは第三中隊と第四中隊。あとはアッツ島だ。アッツ島の山崎保代部隊長の中隊に入っていれば、清治は入隊してわずか二か月でこの世におさらばしていたのだ。

早朝五時にラッパの音の中、ダッ、ダッ、ダッと行進する。三月だがまだ雪が三メートルほど積もっていた。沿道では国防婦人会の女たちが日の丸を振っている。この雪の中の日の丸の美しさは一生忘れないだろうなと思っている自分に、なんだか俺らしくないなと思った。

宇部から輸送船に乗る。

朝鮮半島を回って満州から北支に入った時は夕方だった。大陸で見る初めての太陽の大きさにびっくりした。その大きな太陽が町の城壁にスーッと入っていく。その美しさに涙が出てきた。雪の日の丸、城壁の太陽、一体俺はどうしちゃったんだろう。感動してから、その感動を反省する清治であった。

「初年兵、風呂に入れ！」

いいね、風呂か。と思うのも束の間、まさに烏《からす》の行水《ぎょうすい》の如く次々と初年兵が風呂に入りすぐ出て来る。

清治たちは一番最後だったが、待たされたという気は全くない。それほど早かった。湯船に浸かると、早速持参の安全カミソリで髭をそり始めた。風呂場ではみんな裸だから階級なんかわからない。隣にいた男に急に言われた。

「おい、コラ！　お前、帰りに風呂の前の当番室に来い！　お前、ムーランで俳優やってたんだってな」

男は大きな水音を立てて風呂から上がると脱衣場に行った。この男、役者が珍しいから俺の話を聞きながらご馳走でもしてやろうと考えているに違いない。悪い気はしなかった。

一番最後だから、みんなより少しだけ長風呂ができたな、服を着ながらそんなことを思っていた。脱衣場を出るときは、ご馳走をむさぼる自分を想像して役者になってよかったなと呑気なものだった。

「佐々木、入ります」

「入れ！」

当番室に入った清治の顔は、これから始まるムーランの話をしながらご馳走をいただく自分を想像して少しばかり緩んでいた。

「そこにしんばり棒かけろ！」

おや？　なんだか様子が違うぞ。

「よし！　歯を食いしばれ！　足を一歩横に引け！」

確かに様子が違う。目の前の男は慰問袋の中から雑木の下駄を出した。いきなりその下駄で思いっきりブン殴られた。清治の顔はくしゃくしゃになった。歯が頬っぺたから表にはみ出したと思った。向井一等兵、この名前を俺は一生忘れないぞ。少しばかり遠のく意識の中でまず思ったのはそのことだった。

そして気絶したと思った。

気が付くとしんばり棒を外して廊下に立っている自分がいた。フラフラしながら宿舎に戻る背中で声がした。

「どうした、誰に殴られた」

小野衛生兵だった。

「風呂場で転んだんであります！」

医務室に連れていかれた。赤チンかヨーチンを顔中に塗られた。

「痛ッ」

沁みたからヨーチンだろう。そこへ週番兵が来た。

「治療が済んだら俺の部屋に来い！」

そのまま出て行くかと思っていると、週番兵は治療が済むまで立ったまま待っていた。

「ついてこい」

士官の部屋へ連れていかれた。

「座れ」

その言い方からして優しかった。丸椅子に座った清治に、

「本当になぁ、日本から陛下のために来た、陛下の赤子をこんなに傷つけおって。親にもこんなことをされたことはなかろう」

涙がボロボロ出てきた。止まらなかった。

「誰にも言わんからな。誰にやられた」

こんな時ポロっと殴った相手の名前を言っては絶対いけない。悔しくても絶対向井の名前は出さないぞ。そう思っている口から、

「向井古年平でありますッ！」

白状してしまった。すぐ向井古年平が呼ばれた。

「足を一歩横に引け！　歯を食いしばれ！」

軍靴を切った尾錠のついたスリッパで古年兵を殴り続けた。血が部屋中に飛んだ。殴られた回数を途中まで数えていた。この分じゃ百は行くな。

それで解決した訳ではない、その事件以来、向井にことごとくいじめ続けられることになる。

北支に来てすぐに志願書を渡された。無線?――違うな。衛生兵――柄じゃない。……暗号手――これがいい。それから暗号手の試験を受けた。合格して学校に行かされた。学校が終わると、また中隊に戻る毎日になった。

清治の属する中隊は銃剣術が強かった。朝八時になると必ず訓練をした。その度に向井に怒鳴られ殴られた。

北支に来て半年が経った。各分隊に学校に行かされた電報班暗号手が回される。清治は白馬石分遣隊だった。ここの隊長がまた銃剣術の名人だった。朝から晩まで銃剣術をやる。元来運動神経がいいからメキメキ腕を上げた。ムーランの時通ったボクシング・ジムも役に立った。

その成果を見せるかっこうの催しが開かれた。旅団の銃剣術大会だ。清治は選抜で行った。もちろん向井も来た。

勝ち抜いていくと向井との対戦になった。勝つ自信はあった。だがただ勝つだけじゃあ面白くない。銃剣術は剣道の面をつける。顎のところに垂れがある。ここを狙って喉仏を直接突いてやろう。試合が始まった。作戦通り向井に自分の心臓をつかせようと隙を見せる。向井が上から飛び掛かってきた。垂れの下がパクッと空いた。いまだ! 喉仏を突いた。向井が「ギャー」っと悲鳴を上げてうずくまった。気持ちが良かった。

暗号手の仕事は割と面白かった。暗号読みに馴れた頃、乱数表を解き間違えてえらい目にあった。「明マル日正午」を「本マル日正午」と解き違えた。第四中隊と分遣隊が指定された地点で会って食料と弾薬の受け渡しをする時間だ。指定場所に指定時間に行ったが誰もいない。待てど暮らせど誰も来ない。午後三時になろうとしていた。

「間違いないのか」

「間違いありません！」

「そうか。状況悪化で来られなくなったのだろう。よし、援護のために中隊まで行こう」

中隊まではそこから五十キロ近くある。後ろには敵がウロウロしている。いきなり軽機関銃が背後からババババババと音を立てた。振り向くと二百人は下らない敵兵がいる。こっちは三十人だ。ただもう逃げるしかない。ほうほうの体で中隊に辿り着いた。中隊は状況悪化どころか全員ケロッとしている。

そこで一日間違えたことが判った。もちろん怒鳴られ殴られた。

そこからの帰り道がまた大変だった。今度は、ババババババと上から来た。こうなったのは自分の責任と感じ、匍匐前進《ほふくぜんしん》していちばん前に出て鉄砲を撃ち始めた。暗号手だから、大事な暗号も持っている。

それで隊長に怒られた。

「お前が前に出るな！」

帰ってからがまた大変だ。零下二十度はある中で上半身裸にされ、古年兵二〇人くらいのたらい回しにあい、滅茶苦茶になるほどベルトで殴られた。

そんな辛いことばかりではない。ムーランにいたことも幸いした。東京出身の中隊長に呼ばれ、明日待子や小柳ナナ子のことを知ってるのかと可愛がられた。当番兵が食うことになっている中隊長の残したおかずをもらって、当番兵にはずいぶん恨まれた。

この中隊長に京劇に連れて行ってもらったことがあった。清治が役者だからと気を遣ってくれたのだ。京劇そのものに興味はなかったが、中で思わず笑わされた場面があった。

大きな鼻をつけた男が青竜刀を振り回しグルっと後ろを向き、再び前を向くと鼻がない。それに気づいた男は「アリャ」っと言って、向こうを向いて鼻をつけて、前を向くと普通に台詞を喋り出した。客と一緒に大声で笑った。喜劇役者になる気はなかったが、この時ちょっとした間で笑わせる技を覚えたような気がした。

7

ムーランでもてたように、軍隊に入ってからも自分でも不思議なほど女にもてた。

中隊から旅団に連絡兵としていくと、女子軍属で事務や秘書をやっている女性たちが、あきらかに清治を気にしていた。旅団の副官に報告する自分を見ている女たちの視線をしっかりと感じた。報告を終わってくるりと振り向くと、女たちの何人かは慌てて視線を外す。

軍隊に入って一年すると、下が入ってくる。公用腕章をつけて外出もできるようになる。

住宅地を歩いていると、三メートルくらいの塀に囲まれた家がある。門のところから何気なく中を覗くと、可愛いクーニャンが日向ぼっこをしている。それを見た清治の下半身が反応した。門の中に入ると女が怯えるように後ずさりした。逃げる女を追う足は早く、すぐに女を捕まえた。

中国語で「ズボンを脱げ」といった。

当然、女は「ダメダメ」と拒絶する。

清治は剣を腰に下げたまま自分のズボンを下ろし、越中褌を外した。ほとんど同時に女のズボンも下げた。

素っ頓狂な男の叫びがした。

声の方を見ると、五十センチはあろうかと思われる刃をした鎌を手に、こっちに突進してくる男がいる。女の兄貴だろう。あの鎌を振り回されたら首も飛ぶ。上の首も下の首も。

門を探した。女を追うことに夢中で門がどこにあったかわからない。逃げなきゃという一心ですぐ目の前にあった三メートルの塀に飛びつぃた。

膝の下にズボンを下ろしたまま塀によじ登った。そして向こう側に落ちた。ズボンを上げている間などない。前をはだけた褌を後ろにひらひら翻させて全速力で走った。走りながら初恋の時もこんな格好で逃げたことを思い出した。

清治がズボンを下ろしたまま逃げ出したのは、これが人生三度目だ。それにしても何事もなくてよかった。鎌で首も斬られなかったし、未遂で問題も大きくならなかったことを僥倖《ぎょうこう》と思うしかない。

村長の娘と付き合ったのはその後だ。まだ十代のチューレンという純情可憐な乙女だった。清治の名字の「佐々木」は中国読みにすると「チョチョノ」。『戦場に咲く恋』の主役の二人にチューレンは美少女を連想させるがチョチョノは絶対美青年を連想させなかった。

一緒に散歩したりするうちに当然のように恋心がわく。男と女の関係になるのは時間の問題だった。

中国で廟というのは、死者を祀る宗教施設だ。日本で言うお寺である。唐獅子などの置物があり中は蜘蛛の巣だらけだったりする廟がほとんどで、現地の人は全く近寄りもしなかった。

廟の方に二人の足が向いたとき、清治はもとよりチューレンも覚悟はできていた。

モンペみたいなズボンを脱がそうとした時、チューレンは何の抵抗もしなかった。それを脱がすともうスッポンポンだ。清治はチューレンにとっての初めての男になった。

チューレンとは三ヶ月ほど続いたが、部隊の移動が永遠の別れとなってしまった。

女子軍属が中隊を訪ねてきたことがあった。その中の一人と話せる機会があったので、少し話すと東京に共通の知り合いがいることが分かった。もう少し話したかったが二人とも自由になる時間などない。別れ際に、

「今晩俺の部屋に来るか」

相手はニッコリうなずいた。清治にしては珍しく、この女を抱いてやろうという気は起きていなかった。女そのものより東京のことを一緒に語れる話し相手が欲しかった。

夜、女がやって来た。消灯になる頃には、二人ともその気になっていた。そこに中尉が見回りに来た。慌てて女を押し入れに入れた。

「おい寝たか」

「ハイ。休ませていただきました」

懐中電灯で部屋を照らされた。女のズックを隠すのを忘れていた。

「起きろ！」

部屋の外に引きずり出されて殴られた。次の日から襟章を全部はがされて、参謀本部前で石炭の屑で

炭団づくりをやらされた。その時も中隊長が救ってくれた。

部隊長の囲っていた大州美人がいた。部隊長が討伐でいないのを見計らって何度もその大邸宅に通った。日本を離れても、清治はいつでもどこでも女に不自由はしなかったのだ。

部隊長の留守を見計らっては、公用腕章を巻いて、大邸宅へ出かけた。

「カイモンライ（門を開けてくれ）」

「シーマー（誰だ?）」

「チョチョノ（佐々木）」

これで簡単に門が開く。中に入ると女は一応、

「部隊長さん来るとまずいよ」

と拒絶するが、そんなのはお構いなしだ。

「いま作戦に行ってるから大丈夫。田舎から慰問袋を送ってきたんで、コレお前にやるよ」

「ありがとう。中に入って一杯飲んで行って」

銀製の優雅な杯で大州美人に酌をしてもらう。だんだん酔っ払ってくる。おまけにオンドルだから床下からジワーッと暖まってくる。すっかりいい気持になって、

「やらせろよ」

いつもの助平な清治になる。それから肉弾戦になる。素っ裸で女を抱いていても、さすがに討伐に行った兵隊さんたちには済まないことしているという気持ちはあった。

中国の農民（クーリー）が井戸から汲んで木桶に満たした水を兵舎に定期的に届けに来る。何十人ものクーリーが出入りしていた。このクーリーの一人から着ている物を借りて桶を担いで出て行くこともあった。公用腕章での外出が多過ぎたからである。

軍隊に一年もいると、クーリーとの交渉や女性の口説き等で、結構中国語を話せるようになっていた。日本軍が来る噂を聞いて、人けのなくなった村を歩いていると、日陰に板が並べてある。なんだろうと思って裏返してみると阿片がべったり塗ってある。それを木ベラで取って、鉄兜の裏に塗り付け何食わぬ顔で帰隊した。その阿片を親しくなったクーリー達にやると、彼らは銀貨や食べ物を持って来てくれた。

一回阿片をやってみたが臭くてその場で止めた。それからはあちこちに咲くけしの花を見ただけで吐き気を催すようになった。

8

清治たちのいた小高い丘にトーチカがある。周りは前は川だったが砂利土の沢になっていた。その向こうにはボーローという土で作った忠霊塔がある。いつも土地の人間が拝みに来ている。その向こうに山の稜線がある。

その稜線に白い馬に乗ってグリーンのマントに白い手袋をした軍人がいる。双眼鏡を向けると白い手袋の手を振る。隣りの男が言う。

「見たろ。あれが李中尉だよ」

李中尉は三十歳を超えた背が高くていい男だった。強くて名を馳せた新華部隊の隊長だった。ここには兵隊を十年以上やっているプロが多い。チェコ製の優秀な機関銃の名手が五、六人いる。いつでも喧嘩は買ってやるぜというプロの軍隊だ。

夜になると、時たまいたずらでこの機関銃を撃ってくる。こっちも設置したドイツの機関銃マキシムを稜線めがけて撃つ。撃ったところで稜線までは届かない。要するにお互いの遊びだ。そういう遊びを仕掛けてくる李中尉には不思議と敵という感覚はなかった。

正月になると、分遣隊の上を歩哨が回ってくるカサカサという音がする。歩哨が報告に来る。皆、警戒している。稜線方向には何も見えない。バサッと何かを落としたような音がした。すぐ音の方に行くと鉄条網の中に投げ込まれたらしいマータイ袋（麻袋）がある。注意深く開けてみると、砂糖、砂糖菓子、紳士靴、マフラー、ネクタイなんかが入っている。そこに手紙が添えてある。

「正月の贈り物です。あなたのお父さんお母さんは、元気で帰ってくることを祈っています」

と書いてある。李中尉からの贈り物だ。

翌朝、馴染みのクーリーにこっちの隊長が頼む。

「この鶏三十羽と卵五百個を李中尉に渡してくれ」

数日後、李中尉の「この前はありがとう」という手紙がクーリーの手で届いた。

分遣隊の大半がこの李中尉に憧れていたとはいえ、敵は敵だ。

お役御免で内地に帰ることが決まった宮崎から来た八年兵。彼を筆頭に何人かの兵隊が鉄砲も持たずに遠い日本への帰路についた。

分遣隊の兵舎を出てすぐの谷間で何者かに狙い撃ちされた。全員が撃ち殺された。新華部隊だという保証はないが、他の隊がこの辺りにいるはずがなかった。「これが戦争だ」―清治はつくづく思った。

その数週間後、今度は古年兵が内地に帰ることになった。見送った翌日、彼らが目的地に着いていないという知らせが入った。すぐに谷間の手前で全員殺されているのが発見された。

「状況が悪い、今夜にも作戦会議だ」

急いで中隊に戻った。会議が終わって寝床に着くと、夜中にロバの声がした。城壁から兵隊が見ると、数頭のロバの背中に殺された初年兵が縛られていた。古年兵を途中まで送って行った初年兵たちだった。中にはお尻に焼き火箸が突っ込まれた若い兵士もいた。

すぐに緊急出動がかかった。

「各部隊、敵の殲滅作戦を直ちに開始！」

歯には歯をだ。清治は敵に対する憎しみより、戦争そのものが憎くてたまらない気がした。

暗号班の部屋は無線室の隣にあった。その部屋からハワイ放送が聞こえてきた。

「日本ハ目ノ悪イアンマサンデアリマス。アメリカハ象デアリマス。目ノ悪イアンマサンは、象ノ体ノ一部ヲ触ッテ、アメリカト思ッテイルノデアリマス。シッポヲ触ッテイテモ、モシ目ガ開ケバ、象ハコンナ大キナモノト分カル」

この放送を毎日のように聞くようになる。もちろん暗号班の外にこの情報は流れることはなかった。

電報班は日本の敗戦も誰よりも先に知った。数日後、極秘電報を解読した。

「日本ハ天皇陛下ノ御命ニ依リ停戦セリ」

進軍進軍して勝っていたんじゃなかったのか。連戦連勝って情報しか入らなかったじゃないか。どうしても納得がいかない。

間違えてはいないか乱数表と向き合い何べんも解読し直してみた。間違っていない。体から空気が抜けて行った。ともかくは文章にして副官のところに持って行った。

「入ります。極秘電報でありますッ」

副官は文面を見ても驚かなかった。既にその情報は上には上がっていたのだ。それから二時間ほどして、

「全員集合！　完全軍装で広場に集まれ！」

スコップ、背嚢、鉄砲などで完全軍装した兵隊が集合した。もう大決戦しかないのだ。

「諸君、これからソ連国境に行く」

ソ連が来るから完全軍装のまま待機するということになった。各隊は軍隊を解いて中隊に帰還して命令あるまで待機した。

それから三日ほどして降伏した。蔣介石の中央軍に武器を全部渡した。中央軍は中共軍や八路軍よりも日本人に対する待遇は良かった。当然だと思った。中央軍に頼まれ返してもらった武器で、毎日八路軍と戦わされたのだから。

そう簡単に日本には帰れないと知り、何とか頑張った。日本に帰されても去勢されるという噂まで

立っていた。そうした噂に怯えて八路軍に投降する日本兵もいた。

終戦になった。やはり簡単には日本に帰れない。

そこで清治の活躍どころが見つかった。

慰問団が来ると、演芸会では常に中心になって構成・演出・主演を務めたのだ。芝居をやりたかったというより、生来のお調子者の性分が演芸会を仕切りたがった。

洋物の音楽は一切使用しないで日本の歌謡曲か軍艦マーチに合わせて、タップやロシアダンスを混ぜた独特なステージを作り上げた。中隊は独立混成といった九州と東北の人間ばかりだった。清治に言わせれば田舎者の集団だった。だから喜んでもらえる自信もあった。

まずカツラ作りからだ。銅の薬缶を叩いて、それに部隊長の馬の尻尾をニカワで張りつけた。ちょんまげの先の部分が跳ね上がっていたものの、ちょんまげには見えた。刀は中隊長や大隊長の持ち物を借りた。既に戦争は終わっていたから刀の刃は斬れないようになっていた。重くても本物だからそれを振り回して見栄を切ると大拍手だった。

雑誌『キング』からストーリーを探した。菊池寛もやったし『忠臣蔵』や『国定忠治』もやった。客の兵隊たちは清治の演出する芝居に涙を流した。

会場は格納庫だ。ともかくでかい。マイクロフォンもない二千名は入るこの天井の高いでかい会場で、どうやって台詞を聞かせるか本気で悩んだ。

いろいろ考えて、天井と客席の間のなるべく客席に近いあたりに太い銅線を格納庫の端から端まで何百本も張り巡らせた。子供の頃やった糸電話がアイデアの原点だ。これが上手く行った。少し上を向いて声を出すと会場の一番後ろまでその声が届いた。

千人以上の拍手も銅線で増幅され大拍手になった。

日本に帰りたい気持ちが日に日に増していく。俺はいつまでこんな辺境の地にいるのだろう。日本に帰りたい。東京に帰りたい。新宿に帰りたい。ムーランに帰りたい。

そして日本に帰れることになる。

親しくなったクーリー達が、お土産にとくれた米や混ざりものの多く入った金等、ズックで作った大きなリュック一杯に入れた。欲の強さがリュックの重みに勝った。後ろから見るとリュックの底は殆ど地面に着く寸前でかかとしか見えない。

清治の後姿はまるでペンギンだった。

混乱の時代

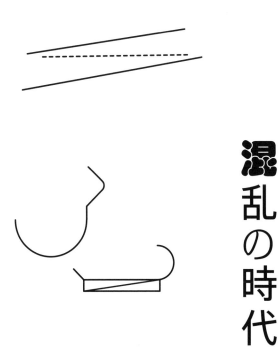

1

戦争から帰ると、ムーランの劇団名は小議会になっていた。昭和十九年、作文館に改称したが、二十年に新宿座が空襲で焼失。混乱の中でムーラン・ルージュの名称が他人に登録されてしまったため、二十一年十月から小議会の名称で公演を再開した。名前が変わろうと、大半の劇団員にとってムーランはムーランだった。

復帰早々、初めて主役クラスの役を与えられた。中江良夫が書いた『性病院』という売春婦たちの悲劇をテーマにした社会風俗劇だ。田村泰次郎の『肉体の門』のヒットにあやかったに違いない。清治が医者で女優陣が売春婦役だ。後に公演した田村原作の『春婦伝』と共に好きな芝居だった。

この売春婦の中に踊り子で入った若水ヤエ子がいた。最初は本名の鏑木八枝子で出ていた。ライン・ダンスはだいたい十三人で組んで踊るが、一人だけ脚が短くて背の低い足の付け根が太い、かかとの上に尻をつけたような女がいる。それが八枝子だった。目いっぱい化粧をして可愛い顔をしている。そのうちお客が、

「おヤエちゃん！」

と声をかけるようになる。すると八枝子は本当に照れて顔を隠す。その仕草が何ともおかしい。わざ

とらしくやるのではなく、右肩で顔を隠してライン・ダンスを踊っている。姿形は不細工だがどこかチャーミングなので中江が芝居に使ってやろうと『性病院』に抜擢したのだ。芝居勘はよく、何本か出るうちにズーズー弁で笑いを取るようになった。東北出身の耳には本物のズーズー弁でないことはすぐ判る。聞いてみると千葉出身だった。

『性病院』の直後に同じ中江良夫の脚本の二本の社会風俗劇が注目された。この二本、『生活の河』と『にしん場』に出演した。

この時はまだ中江の弟で浅草にいた佐山俊二を知らなかった。

『にしん場』では東北出身の稚内という漁師役だった。津軽、三重、北海道、いろんな土地から集まった漁師たちという設定だったので、各地の訛りが集まった芝居になった。

「今日はクキだな、クキ」

クキとはにしんの襲来のことだ。

「おしこい、おしこい」

と綱を引っ張る。向こうで唄う『追分』が聞こえる——もちろん舞台裏の奥の方で清治が唄った。

〽大島、小島ぁのォ……

子供の頃親爺の歌で覚えた『追分』だが、その頃はすでに後半の歌詞を忘れていた。途中で止めると、演出が「もっと歌え」という。仕方がないから頭からまた歌い出した。

それから袖で洗面器を手にする。中に入った鏡の破片を照明に反射させる。これが太陽を浴びて光る水面の効果を出す。洗面器を他の役者に渡して舞台に出て東北弁で台詞を喋った。

清治の東北弁は『にしん場』で役に立ったが、本格的に芝居で使わせたのはやはり中江だった。人の東北弁を面白がるが、自分だって北海道訛りがかなりひどいじゃないかと内心思った。


東京の没落した華族のお嬢さんを、秋田の山持ちで大金持ちの大お坊ちゃまに嫁がせようとする。その大お坊ちゃまの役が来た。モコモコしてギラギラした上着を着て見合いになる。

大お坊ちゃまは東京人には理解しがたい東北弁なのでなにを言われても「ハァ」というんだと言い聞かされている。

「こちら武者小路家のお嬢さまでございます。もしお気に召しましたらどうぞ一言」

「ほんだどもハァー、なんだもなや」

ここでもう客が大いに受けた。

「ワダクスは、ぼかぁ、シポーツカーのベンチに乗ってまして。親爺が会長でわだすが社長」

というと娘が、

「お父さま、お母さま、わたし、あんな山だしの言葉使う人とは結婚できません」

そう言われても一生懸命気取って見せる。それがまた客に受けた。笑いがきた。東北弁が受けることを初めて知った。台詞を言って笑いを取る喜びも初めて知った。

それから中江や菜川作太郎らが東北弁の役を作って清治を使うようになる。

二枚目役をやったのは『心愁尼』という芝居だけだ。緋縅《ひおどし》の鎧を着て平家の落ち武者をやった。尼僧が困ってくれるという、後にも先にもない女に惚れられる白塗りの二枚目だ。源氏には殿村信二が扮した。尼僧が主役のようなタイトルだが、主役は落ち武者だった。

昭和二十四年、再建されたばかりのムーランに森繁久彌が入団した。清治はこの時青年部の筆頭だった。

「満州から帰ってきましてね」

最初からこの男が気に入らなかった。この野郎と思っていた。ところが森繁の稽古好きがわかると、毎日二人で開演前三時間と終演後三時間、自分たちで台詞を作り直した台本で芝居の勉強をするようになった。

その森繁と共演した菜川作太郎作の『鈍才物語』が客に受けた。

森繁が高校の初老の英語教師で、清治が今は東京にいる鈍才の元教え子という設定だ。

英語教師は娘を連れて今は大臣になっている昔の生徒を訪ねる。秘書に、

「先生は赤坂の料亭にいますが、お会いする時間がありません」

教師は料亭の裏口まで行く。当然、入れてはくれない。折角来たんだからと、入り口で待って顔だけ見て行こうとなる。

芸者と出てきた大臣に、

「おい、山本ォ、わすだぁ、英語教えた」

大臣にはけんもほろろにされる。

「しょうがない。鈍才のところに行こう」

で、鈍才がいる家に場面は変わる。

その家の主は社長で、鈍才は住込みの運転手だ。社長はその日に洋行するので留守。その奥さまも実家に帰っている。鈍才は楠トシエ扮する女中に「これから行く」という電話が先生からあったことを聞く。

「どうしよう。俺は先生に社長になったと言っちゃった」

「困ったわねえ……いい考えがあるわ。クリーニングから戻って来た社長のスーツがあるから、あれを着て。あたしが奥さまの服を着るから」

女中は表の表札を鈍才の名前に替える。

教師が来る。

「先生、あの当時はお世話になりました」

「鈍才、たいしたもんじゃないか、こんな立派な家に住むなんて」

鈍才も初めて入った応接間のサイドボードには見たことのない酒が並んでいる。

「たいしたことなんてありませんて」

そう言いながら新しい酒の蓋を開ける。

「よろしかったら二、三本持って帰ってください」

鈍才は先生に新しいブランデーを三本渡す。

二人でベロンベロンになったところに社長が帰ってくる。嵐で飛行機が飛ばなくなったのだ。玄関から声がする。

「おーい、俺だ」

慌てふためく鈍才。社長が入ってくる。

「なんだ、わしの運転手じゃないか」

奥さま役の女中が冷静に、

「佐伯、何をやってるの」

「なんだこの女！　社長に向かって！」

それを見ていた先生、

「俺が意見をしてやる。この野郎、偉そうに。なんだ髭なんか生やして！　明日剃りなさい！」

「なんだ、この田舎の爺は！」

結局問い詰められて、鈍才が教師に手をついて謝る。

「先生、すいません。わたしは先生がお見えになるんで、喜ばせようと思って。申し訳ありません」

観客のあちらこちらからすすり泣きが聞こえる。

「鈍才、よくやってくれた。大臣はわたしを冷たくあしらったのに、お前は違う。ありがとう、ありがとう」

それを見た社長も感激して、

「運転手くん、いや、社長、今まで通りやってください」

途端に鈍才、

「貴様、何ボーっとしてんだ！　先生にブランデー、お注ぎしなさい」

教師が、本当の社長に、

「これお土産にもらったんですが返します」

鈍才、

「返す？」

女中が、

「いいんですよ」

こうしたやり取りをし、社長が威張る度に鈍才は「社長、申し訳ございません」と謝る。社長は社長で「もっと俺を怒鳴れ！」というから、鈍才「貴様、もっと先生にお土産をやりなさい」—今度は社長が本気になって「貴様、社長に対して」と怒ってから、慌てて「もっと怒鳴れ！」……。こうしているうちに幕になる。


この芝居を見たムーランの主宰者佐々木千里は楽屋に来て怒ったが、誰も気にしなかった。佐々木は競馬で儲かったときは必ず座員を怒鳴る。反対に競馬で負けると、楽屋に来て「蕎麦でも食え」と金を置いていく。誰もが今日、佐々木は競馬で勝ったんだと思った。

2

ムーランの芝居は一週間か十日の単位で変わった。次の公演の二日前から読み合わせが始まる。入れ替え無しで、一日三回ないし四回公演だ。序幕があってバラエティがあって芝居があった。舞台転換のために幕が下りて幕前でスケッチと言われる今で言うコントがある。このコントが当たった。あの頃、コントとはほとんど言わなく、ムーランではスケッチかファースと呼ばれていた。

パン助が煙草を吸っていると酔っ払いのおじさんがくる。

「おじさん、十円ちょうだいよ」

「なに？　十円」

「いいとこ見せるからさ」

「なに見せるの？」

「あたしの盲腸切ったとこ見せるから」

「高いよ、五円にまけろよ」

「ダメ、十円よ」

「じゃ、いいよ、早く見せろよ」

「こっちおいでよ、ホラ」

「早く見せろよ」

「盲腸切ったとこあすこの病院よ」

　こうしたコント（スケッチ）を作家がどんどん書く。そしてどんどん上演する。客に受ければ続けるし、受けなければ次のコントを出す。

　女が靴を脱ぐと、タラッタッタタラッタッタと太鼓の音が響く。太鼓などないから鉄板をぶら下げて出番前の役者が叩くのだ。女が舞台から消えると、反対側から『モロッコ』と書いたボードが出る。

　ゲーリー・クーパーとマレーネ・デートリッヒで戦前大ヒットした映画『モロッコ』のデートリッヒが演じる有名シーンのパロディだ。そうしたスケッチが受けたのも、ムーランの客だからこそとも言える。

　戦後のムーランにはその後ラジオやテレビで活躍することになる若水ヤエ子、楠トシエ、野々浩介、山田周平、市村俊幸、三崎千恵子、香椎クニ子、春日八郎等がいた。筆頭は後から入った森繁久彌だ。

バラエティやコメディの浅草とは大変な差があった。ムーランの仲間が浅草に出ると「なんだ、あいつ浅草に落ちたのか」と言われたものだ。

戦前、清治は先輩たちが馬鹿にしていた浅草の舞台に行かなかった。当然、榎本健一や古川ロッパの舞台を見たこともなかった。戦後になって評判を聞いて初めて浅草に行った。

浅草の舞台は清治の性にあった。出てくる喜劇役者は誰もが自分のように茶目っ気があるお調子者だった。彼らに親しみを覚えた。だが人気のシミキン（清水金一）を見たときはちょっと違った。真白のスーツにピンクのシャツのシミキンが登場すると、ムーランでは聞いたことのないような盛大な拍手が起こった。不思議に思ったのは舞台のあちこちに紙が置いてあることだった。中腰になって一番近くの紙を見ると字が書いてある。台詞だ。あんなことでよく役者として通るな。ムーランでは考えられない。その後のシミキンの芝居に客として全く身が入らなくなってしまった。

それと同時に役者の人気と実力とはなんだろうとか、役者は努力したら報われるのだろうかとか普段なら絶対考えたことのない命題について真剣に考えていた。

それでもこの時以来、新宿育ちだったが浅草が大好きになった。ムーランの休みの日には浅草に行った。前座芝居だけでレビューの出番がない時も浅草に行った。

レビューの日本での発生地は浅草水族館のカジノ・フォーリーであり、そのモットーは「エロ・グロ・ナンセンス」であると文芸部の作家から聞いたことがある。ムーランを辞めてから先輩のこの話を思い出す度にレビューとは俺のためにあるショーだと思うようになった。

ムーランは前座芝居、レビュー、芝居という三部構成だった。レビューは長くて十二景ほどで、ラスト（大詰）は総踊りで幕になった。舞台装置は、ごく小型の切り出しが一つあり、山や海や町角か室内で、その切り出しの前芝居が終わると、割緞帳と呼ばれる扉カーテンを閉め、その前で数分のスケッチがある。その間に奥の切り出しを置き換える。各場は長くて十分くらい。喜劇（コメディ）というよりは笑劇（ファース）が主体だった。

ムーランの解散が噂から現実になってから大ヒットしたのが『チャタレー夫人の恋人』（水森三郎作）だ。すでに森繁は新東宝に行き大当たりし、他の役者も他の劇団や映画へとチリヂリバラバラになり出していた。清治は最後まで残った役者の一人になった。

チャタレー夫人役は沢村い紀雄のかみさんのX《エックス》小夜だ。森番が山田周平、清治が現場を見た青年。裁判官や検事が須賀不二夫などのムーランに残った精鋭たちが出演した。

「証人、前へ出なさい」

清治は頭を真ん中分けにして国民服を着て出た。解散前のムーランには衣裳もろくになかったのである。この時、わざとズボンの前のボタンをはずして、自分の物をペロンと出していた。前夜、アドリブのことで検事役や裁判役の役者に徹底してからかわれた仕返しだった。よーし見てろよ、舞台で吹かせて（笑わせて）やるぞ。客にはずっと斜めに尻を向けている芝居だからできた。

「名前、なんてんだ」

ズーズー弁で名前を言う。

「見たことを正直に言いなさい」

「あの山男がヨオ、あの奥さま抱いてヨオ、共に行くべさ、あの山サつって山サへえったんだ」

「証人、嘘ありませんね」

「嘘ありません」

裁判官たちが気づいてないので下を向いた。そこで彼らが気づいて、思わず「ブワー」っと吹き出した。いまさら出しっぱなしの物をしまうのもおかしいし、そのままにしておいた。

この芝居でしばらく客足が遠のいていたムーランに久し振りに客が入った。三割か四割ほどの客席だったのが八割になり週末は満員になることもあった。

東北弁が受けだしてから、もしかしたら喜劇の方が向いているんじゃないかとも思ったが、自分としてはあくまで二枚目俳優のつもりでいた。

だがこの芝居でコメディアンとしての清治が客に完全に認識されたと感じ、この方がいいのかもしれないなとも思った。

折角、舞台人としての自分の方向を見つけたばかりだったが、一時は挽回したかに見えたムーランはその後の二回の公演で終わりを告げた。

昭和二十六年、ムーランは解散した。劇場はすでに買われていた。名前も西方劇場と変えられた。

解散のいちばんの原因はストリップに喰われたことだ。新宿通りを挟んで伊勢丹前にあった帝都座で昭和二十二年八月に始まった日本初のストリップ・ショーと言われる額縁ショー。額縁の中に胸を出した女性が横たわっているのをわずか数秒見せて暗転した。額縁ショーから始まった日本のストリップは、その後ショー化してムーランを潰してしまうほど客を奪ってしまったのだ。

3

ムーランが正式に解散する前に三崎千恵子、宮坂将嘉が主宰していた小議会で九州に巡業した。

この旅で恐ろしい目に遭った。後に地球遺産になる軍艦島がまだ端島の名前だった頃だ。島に着くと、当時としては珍しい七、八階建てのアパートが目に入った。

舞台の幕が上がって踊りを見せてから芝居をしていると、喜んだ客たちが鍋や釜を舞台に投げてきた。煙草の箱も飛んできた。ドサが初めてだった清治は驚いた。堅いものが額にぶつかったので、

「馬鹿野郎！　ふざけるな！　痛てえじゃねえか」

と怒鳴った。幕が閉まって額にぶつかった箱を開けてみると金が入っている。娯楽が少ない炭鉱夫たちは、ここでは見られないような劇団公演が嬉しくてたまらなかったのだ。島民全員が裕福だっただけに煙草どころか箱に入れて金まで投げたのだ。

恐ろしい目に遭ったのはそのことではない。公演が終わったら、興行主が上がりの金を半分持って逃げてしまった。島の興行主催者は興行主がいないから、劇団に金は払うことは払うが当面払う金はないし、劇団員に食わせる飯もないと言い出した。それでも主催者が二日後に金ができるあてがあるからというので、清治一人を残して全員が次の船で次の公演先に行ってしまったのだ。それからが恐ろしい目だ。食事は丼の麦飯に沢庵と梅干。朝昼晩同じ献立だった。

「いったい金はいつもらえるんだよ」

と怒鳴ると、

「ふざけんなこの野郎！」

と怒鳴り返された。主催者は人が変わったのか、本性なのかガラの悪さを丸出しにした。ヤッパまで持ち出して脅された。だが三、四日するとこっちも居直った。

「じゃあいいよ。殺すなら殺せよ」

それから二、三日すると、半金ほどの金をまとめて出し、

「とにかく、これしか出せないから、これ持って帰れ！」

やっと帰れることになった。

帰京すると既に劇場は人手に渡り、劇場に行ってももう昔のムーランの面影はなかった。ふと気づくと、すぐ側にムーランの文字を見た。後の新宿地球会館のところにキャバレー・ムーランルージュという看板が立っていたのだ。ムーランの名前は三崎千恵子の台湾人の夫・林以文がすでに買って、昭和二十二年から再建を手がけ、昭和二十四年の再建に尽力をしてくれた。だが芝居小屋経営が成り立たなくなった今、それもやむを得ぬ選択だった。

間もなく小崎政房から連絡があった。

「セイちゃん、旧ムーラン組とシミキン一座の合同公演が決まったんだよ。もちろん出るだろ？　セイ

ちゃんがムーランの頭だよ」

「出るよ。仕事ないもん」

「シミキンにえらい怒ってたことがあったじゃないか。いいのかい」

「気にしないよ」

気にしないわけはなかった。それどころかシミキンの前でムーランの役者の凄さを見せてやるいい機会だと思った。

旧ムーランから須賀不二夫、町金三、佐伯透、それに宇留木三平。清治はすでに南啓二という芸名を宇留木三平に改名していた。シミキン一座で誰よりも気になっていた役者は泉和助だ。

各々一本ずつ芝居を提供し、そこにお互いの劇団員が参加するという形を取った。小崎が選んだのは、学生の投稿を採用した『くしゃみ借金しゃくの種』（田久保某作）だった。

アパートとは名ばかりの、下駄履きで上がるような下宿が舞台。そこに清治とその友人が住んでいる。二人はサンドイッチマンなどのアルバイトをしているが、大家が部屋代を取りに来ても払えない貧乏暮らしだ。七、八ヶ月も溜まった家賃を「払えないなら出て行ってくれ」と言われている。アパートの下に住む大家の部屋でスキ焼をやっていると聞いて、二階の畳を上げてスキ焼の臭いを嗅ぎながら飯に醤油をかけて食べる。そんな毎日に嫌気がさして清治は友人に言う。

「どうだ、いっそのこと死んじゃおうか。そしたらアパート代も払わなくて済むし、香典も貰えるし。

おう、お前、死ね」

「よし」

たちまちの内に布団を敷いて友人を寝かせ、急作りの祭壇に線香を立てる。剥がれかけた壁の白い漆喰をボロボロ掻きだし友人の顔に塗り死に化粧をしてシーツを被せる。そして泣き声で、

「大家さん、大変だ、大変だ！　友達が死んだんだ！」

「死んだ？　死んだって、朝ピンピンしてたのに」

そのうち近所の人も聞きつけて香典を持ってやってくる。誰かが呼んだらしく坊さんも来る。清治が香典袋を覗いて一枚抜こうとすると死人役の友人に尻をつねられる。そんなところで客席を沸かせる。

やがて通夜客も帰っていく。

「おい、上手く行ったな。こんなに集まっちゃったよ、見ろよ」

「お前、ごまかしたんじゃないか」

仕方なくくすねた金を出す。

「いいねえ、儲かるねえ」

そこに酔っ払いが酒を持って上がってくる。慌てて友人を死体に戻す。この場面は、酔っぱらいの気付かないとこで死人が起きて、酒を飲んだりつまみを食べたり、くしゃみしたのを清治がごまかすといった笑いで構成されている。酔っ払いが帰ると大家が上がって来て、

「いま手配したから、明日、朝早く葬儀屋が来て葬式をやるからな」

と言って帰る。

「おい、じゃあ俺は車に乗せられて焼かれちまうのか?」

「そこまで考えていなかったからなあ」

そのうち二人とも酔っ払ってくる。

「しかし、いいことを考えたな、おい。これ本当に死んだらもっと金になるんじゃないか?」

「バカ、一回死んだらもう一回死ねるか」

もう二人ともベロベロだ。そのうち清治が出刃包丁を持って、はずみで友人を本当に殺してしまう。

「ウワー死んじゃった」

と下の大家に大声で叫ぶと、

「なーに言ってんだよ。とっくに死んでるじゃないか」

「本当に?」

「本当も嘘も昨日死んじゃったんだろう」

話しも噛み合わなくなって、もうドタバタになる。そして泣き笑いで終わるというムーラン得意の展開になる芝居だった。

シミキン一座で気になっていたワッちゃんこと泉和助とはすぐ親しくなった。ワッちゃんは一座の脚本書きもしていた。その脚本は変わっていた。文字じゃなく絵なのだ。楽屋の炬燵に入って泉は腹ばいになって絵を描きながら説明し出した。向かい側に座る清治の隣には一座のかわいい女性が座っていた。

「第一景は、一人の女に大勢の女が群がる。こんなふうにね」

ワッちゃん、しきりに書いている絵を説明している。清治と女性も横になった。

「次の第二景の絵がコーなるでしょ」

もう女と始めていた。ワッちゃんの説明は続く。時々申し訳程度に返事をしてやる。

「いいね、面白い」

「それで三景はさ……」

「いいね」

「どーだい、これ良いだろう、この絵おかしいし。な、ここの家から、こういくんだよ。この話はいいだろう」

女は清治に完全に行かされている。

「いいわー。いいわー」

「いいだろう」

と、ワッちゃん。清治は女をもっとよくさせてやろうと、

「こうかい、こうかい」

ワッちゃんが、

「そうだろう。ここがいいだろう」

笑い転げそうになったが、性欲が笑いに簡単に勝った。


舞台に出ただけで受けるようになったのは、ムーランの解散が決まった頃からだったが、浅草花月でもよく受けた。自分は二枚目役者ではなく喜劇役者が向いているという意識がますます強くなった。

浅草花月の公演中、近くで飲んだ晩はよく楽屋に泊った。新宿に近いということで借りていた笹塚の下宿は浅草からは遠かった。清治は金がないくせによく飲んでいた。ムーランの井上新八と新宿で飲んだ時の話だ。この井上が上手い役者なので、飲んで芝居の話をするのが好きだった。

「話の続きはうちでしよう。今晩、泊ってけ」

外に出るとどしゃ降りだった。雨さえ降っていなければ歩いても一時間もかからない。輪タクに乗るには金がない。ここはひとつ二人で芝居を打とうということになった。

井上は角刈りで見るからに怖いのでやくざの親分になる。

停まっている輪タクの前に行くと清治が、

「兄貴、どうもご苦労さんです。大分長かったですね。今度は？」

「ああ三年だからなあ」

そこで清治が運ちゃんに、

「笹塚までやってくれ」

二人して輪タクに乗る。

「ところで、あいつは元気か？」

と親分が、組の幹部の名前をズラズラいう。何台もの輪タクを仕切る組の幹部の名前だ。運ちゃんはすっかりブルっている。

「そこで停めてくれ」

輪タクが停まる。

「幾らだ?」

「いや、結構です」

「よし、明日、組の方に取りに来い」

金がなくてもそうした遊びで充分楽しかった。

その笹塚の家には早稲田や中央の学生もよく泊めていた。金はなかったが米だけはあった。ムーランの給料では米と醤油くらいしか買えなかったのだ。これも『くしゃみ借金』の主人公と同じである。

学生が近くの漬物屋の裏にある漬物樽に手を突っ込んで沢庵を盗んでくる。自分で近くの畠から大根を引っこ抜いてくることもあった。

ムーランの解散が決まる少し前から宝塚出身の女性とここで同棲していた。そこに学生が三人ほど来る。掛布団と敷布団と二枚の毛布しかない。掛布団も敷いて五人で横になり二枚の毛布を掛けて寝た。夏も冬もこの寝方は変わらなかった。

この宝塚出身の女性とは結構長く続いた。

元来照れ屋の清治は、女性を口説く時も、相手の目を見られなかったし―これは子供の時からだ―口説いたりもしない。ほとんど喋らないで、時々なんとなく喋るのだ。相手に話している風でもなくなんとなく下ネタも入れる。これが口説きのテクニックだ。「好きだよ」なんて言ったことがない。目を見てそんなことを言ったら照れるだけだ。芝居の台詞みたいでつい吹いたりしてしまう。だから口説く相手も限られていた。

戦後もムーランの女性とは全く何もなかった。プラトニックはあったが、お互いがそれ以上先に進めようとしなかった。それがムーランの教育だった。女性客などほとんど来なかったから、客とできちゃうなんてこともなかった。喫茶店の女給なども何もなかった。清治が売春宿に行ったのはこの時期だけかもしれない。相変わらず玉ノ井方面にも行ったが、安いこともあってもっぱら新宿の赤線だった。金がない時は下宿に帰って自分で処理した。

4

浅草花月の合同公演は、出し物を替えながら半年ほど続いた。

テレビのなかった時代は、舞台や映画の撮影中にも酒を飲んでいる役者がいたし、それを咎める者もいなかった。シミキンも舞台中にも飲む口だった。

舞台袖にいっぱいのウィスキーを注いだジョッキが置いてある。袖に引っ込むと、こいつをグーッと飲む。それからまた舞台に出る。

清治が舞台から袖に入ったとき、ジョッキに残っていたウィスキーを全部呑んじゃったことがある。慌てる弟子を後目に舞台に戻る。シミキンが袖に来る。清治が芝居しながらチラチラ袖を見ると、弟子がシミキンに怒られていた。

公演中、小崎政房から話があると喫茶店に誘われた。

「有島一郎知ってるだろう?」

「ムーランにいたけど、自分で劇団を作るって出ていった大島さんでしょう」

「彼がね、セイちゃんとコンビを組みたいんだが、ぼくに仲介してくれって言うんだ。あいつは上手い役者だよ」

「コンビ組んで何するんです?」

「まぁ、コントとか」

「コンビ組んじゃったら芝居が出来なくなりませんか?」

「そんなことはない。お互いいい仕事が来れば単独で出ればいいんだから」

「止めときます。ガラじゃあない」

「そう言うと思った。まあいい。この話はなかったことにしてくれ」

話はそこで終わった。

「セイちゃん、映画に出ないか？」

文芸部の作家に言われた。

「出る、出る」

実は昭和二十二年ムーランの時、仕出し役で岡晴夫の『港に赤い灯がともる』のダンスホールのシーンで映画初出演している。

「新東宝へ顔つなぎに行きなよ」

出演の話しじゃない。出演させてくれと頼みに行く話だ。それでも行こうと思ったが、ムーランを辞めてから金回りがぐんと悪くなって着ていく服もない。そこで思い出したのが紀伊国屋の田辺茂一社長だ。戦前からのムーランのファンだ。たいした知り合いでもなかったが、いちかばちか社長室を訪ねた。

「実はムーランも解散しちゃって、中々仕事がないんですが、新東宝に顔を出せば映画の仕事が来るかもしれないって言われましてね。面接ってやつですか。でも、着て行く服がないんです。皆質屋に入れちゃったもんだから」

黙って聞いていた社長は、八千円を入れた封筒とジョニ赤二本を清治に渡した。ジョニ赤なんて飲んだこともない。

社長にもらった金で質屋から洋服を出して、お釣りでパチンコをして、家でジョニ赤を二本とも飲んでしまった。

結局、新東宝には行かなかった。


その頃、親しかった文芸部の人間によく喫茶店や居酒屋に誘われた。皆、清治の行く末を心配してのことだ。

中江良夫ともよく飲んだ。

「先生、俺、ムーランも辞めたし名前を変えて出直そうと思うんです」

「いま、なんて芸名だっけ？」

「ずーっと南啓二でやってきたんですけど、ちょっと前から宇留木三平でやってます。でもこの名前、他の役者に昨日やっちゃったんです」

ムーラン・ルージュ新宿座には在籍した役者の名簿があり、そこには南啓二も宇留木三平も載っていない。名簿で南啓二を南啓三と誤植してしまったのだ。そして当然だが、南啓三の消息欄は行方不明となっている。

「で、考えたのか名前？」

「まあね」

「何て名前にしたいんだ」

「ムリトオルはどうでしょう」

「どんな字を書くの？」

「全部片仮名で」

中江はポケットからくしゃくしゃになった紙を出し、それを広げると万年筆で「ムリトオル」と書いた。

「無理を通しちゃうって訳だな。まさにセイちゃんだな」

「悪くないでしょう」

「でもセイちゃん、片仮名もそうだけど何かをもじった名前だとさ、セイちゃんが大物になったら困るぞ。映画に出たって、名前だけで軽いコメディアンだと思われるぞ」

そう言って、さっき書いた名前の隣りに「由利徹」と書いた。

「これはどうだ。由利徹。中々いいじゃないか」

「なんかキザじゃないですか？　由利の花の由利でしょう。女の名前みたいだ」

「真田十勇士に由利鎌之介というのもいる。鎖鎌と槍の達人だ」

「そうかぁ。由利鎌之介そのままでもいいけど、オカマみたいだしな」

二人は声をあげて笑った。

コメディアン、由利徹が誕生した。

新しい芸名を決めたのがきっかけのように、前途が開けるような新しい仕事が来た。昭和二十六年のことだ。持ってきたのはまたも小崎だった。

「実はな、東宝の秦豊吉さんが、二月から三月まで公演した帝劇コミック・オペラ（ミュージカル・レヴュー）第一弾として『モルガンお雪』を制作したのを知っているだろう？」

「繁（森繁久彌）さんとロッパ（古川）さんが交互に出ていた越路吹雪主演のレビューでしょう」

「ミュージカル・レビューだな」

「小崎さん、演出に名前が入ってたじゃないですか」

「演出は菊田（一夫）さんだよ。俺や豊さん（斎藤豊吉）は演出補だ」

「それで？」

「六月七月公演がコミック・オペラの第二弾『マダム貞奴』だ。だがな、三木のり平が六月しか出られないんだ。それで秦さんが誰かいないかって言うから、セイちゃんの芝居を浅草花月で見てもらったんだ。そしたら秦さん、気に入っちゃってさ、セイちゃんを」

「他に誰が出るんですか？」

「越路吹雪、それに山茶花究を筆頭にあきれたボーイズが出て……ムーラン関係だと沢村い紀雄、周ちゃん（山田周平）なんかが出る」

「小崎さんは？」

「いや、今回、演出補は豊さんだけだ」

「周さんと豊さんがいれば心強いや」

「引き受けてくれるんだな。由利徹さんは」

頭を掻いて苦笑いをした。


七月の初日の前日は帝劇を休館にして、新しく参加する由利徹のための舞台稽古になった、ムーランの中でも台詞覚えはいいし舞台勘もいい方だったので、たちまちの内に出演者に溶け込むことができた。

三日目に劇中劇の中国が舞台の芝居で悪い癖が出た。得意な中国語で悪ふざけをしたのだ。まさか帝劇でズボンの前を開けるような真似はしなかったが、いつもの茶目っけがあの時と同じ気持ちで共演者を笑わせようとしたのだ。

終演後、同じ場に出ていた益田喜頓と宮田洋々にこっぴどく怒られた。自分が悪いと自覚していただけに、すっかりしょんぼりしてしまった。

だが、悪ふざけは止まなかった。出演している子供ほどの背丈しかない役者の空飛小助を楽屋で縛ったのだ。そして衣裳の箱に手足と首が出るところに穴をあけて小助を入れて、帯でぐるぐる巻きにして、鴨居に吊るした。

吊るしたまま同じ楽屋で仲間とポーカーをしていると、

「下ろしてくれよー」

と小助が泣き叫ぶ。当然上から怒られる。

二、三日は神妙にしていが、すぐまた同じような悪戯を繰り返した。ムーランの規律から解放された反動ではしゃぎすぎたのかもしれないが、結果を考えないでやってしまう悪ふざけや悪戯が大好きな習性は直らない。それが時として本来の茶目っ気を通り越していた。

公演も半ば過ぎた後、秦豊吉の部屋に呼ばれた。てっきり悪さをしたことで怒られるものと思っていた。

「由利くん、この公演が終わったらまた次のがあるんだ」

「コミック・オペラ第三弾ですか？」

「いや、コミック・オペラはこれで最後だ。次作は帝劇ミュージカルスと名前を変えてエノケン（榎本健一）と越路で『お軽勘平』をやる。もちろん君もキャスティングしてあるから、しっかりやんなさい」

「ハイ」

と殊勝な顔をしてこの出演を承諾した。

その数日後、受付から楽屋に「由利さんに面会です」と連絡が来た。楽屋に現れたのは新宿セントラルを担当する東宝芸能社長だった。

勧めた座布団に座った社長に名刺を渡された。

「早速だが由利くん。この興行が終わったらすぐウチへ来てくれないか」

「いや、秦先生に預けてありますので、ちょっとそれは」

と丁重に断った。

「この興行が終わってすぐ秦さんの興行があるのかい？」

次の公演は十二月公演と聞いていたから、

「すぐにはないですが」

「いつ？」

「十二月公演だから、十一月の半ばには……」

「じゃあそれまで二か月以上遊ばなきゃならないじゃないか。ウチに来たらあんた、主役は取れるしヌードの娘はいっぱいいるし、中にゃあいい女もいるし……ところで、今、幾ら貰ってんの？」

貰っているギャラの額を答えた。

「どう？　ウチ来たらその倍出すよ」

ちょっとだけ間が空いたが、

「明日まで考えさせてください」

「じゃあれだったら、現金置いていくからさ」

相手は強引だ。

「ちょっと待ってください」

明日までということで、その日はそこで帰ってもらった。

翌日、同じ時間に社長が来た。

「現金持ってきましたよ」

丁度金のないところだった。

「ここに置きますか、お金の方？」

目の前に分厚い封筒が置かれた。

「ええ、あの、半分でいいですから」

結局、全部貰っちゃった。

帝劇公演が六月二十九日に終わると、その翌日新宿セントラルに顔を出し、七月一日から、舞台稽古を始め九月一日から、本興行に出演した。

秦はカンカンに怒った。


後年、当時を振り返る度に思うことになる。もしこの時、この東宝芸能社長が訪ねて来なかったら、俺の運命は全く変わっていたに違いない。秦豊吉についていればもっとずっと早く食える喜劇役者になっていたかもしれない。だがそうしたまっとうな道を歩いていたら八波むと志や南利明と脱線トリオを組むようなことはなかったに違いない。

そもそも生まれつきお茶目でお調子者で執着心というものがない。誰に言われるまでもなくそれが欠点であり長所であることは間違いない。

後にトリオを組むことになる八波むと志が、トリオ解散後、菊田一夫演出の東宝ミュージカルに本格的に参加することになる。八波の前に出演した帝劇ミュージカルスにそのまま由利徹が出続けていたら、菊田一夫は八波を東宝ミュージカルに誘っただろうか。人生は冒険と不思議な巡り合わせで創られる。

そうした昔を振り返る齢になった時、自分の歩んだ混乱気味なこの時代を後悔しなかった。結果としてこの混乱が脱線トリオ以降の由利徹という喜劇役者を作ることになったのを自分がいちばん知っていたからだ。

5

終戦後、すぐに流行ったのがヒロポンである。薬局で公然と売られていた。そのヒロポンが発売禁止になったのは昭和二十四年だが、その後も由利の周りの役者やストリッパーの中には、非合法のヒロポンをやっていた連中が結構いた。

ヒロポンを射つとどうなるかは人によって違うが、由利は射つとカーッと来て何かジッとしていられない状態になる。これが気持ちよかった。ただ、ヒロポンをやって髭を剃りだしたりすると、どこまでも剃ってやろうという気分になり、終いには血が噴き出ることになる。それでも痛みなんか感じない。

自分の周りでもヒロポンをやった途端に何かを始める奴がたくさんいた。掃除を始めたり、靴を磨きだしたり、鼻毛を抜き始めたり……十人十色だった。とにかくじっとしていられないのだ。そのくせ判断力をなくしているから、常識では考えられない行動をとることになる。

その上、猜疑心が強くなる。

例えば、夜道を歩いていて、突然、はっと振り向いて、

「おい、出てこいよ、この野郎！　ポストの陰に隠れてんだろう、出てこい！」

誰も隠れてなんかいやしないが、ポストに向かって石を投げる。

「出てこい、この野郎！」

諦めて行きかけて、もう一度振り返り誰もいないので、

「ちくしょう！　逃げ足の速い奴だ」


ヒロポンの空のアンプルを大きな紙袋に集めている役者がいた。他人が使用したものまでもらって袋に入れている。

「なぜ、アンプルを集めてんだ？」

と聞いたら、

「将来、家を建てる時、壁にこいつを塗りこむと、壁土も少なくて済むし、経済的だと思うんだ」

その役者は本気でそう考えていた。

警察の手入れがあるという情報が入った時のことだ。その男はやばいというのでその紙袋を隅田川にぶん投げてしまった。そこまではいいが、この紙袋が沈まないでプカプカ浮いちゃったのだ。そこで一晩中紙袋に石を投げて、なんとか沈めてやろうと試みた。知らん顔して逃げればいいのに、沈めないことには気が済まないのもヒロポンを射ったせいだ。

ヒロポンを射つと頭が冴えるからと言って書く前にはヒロポンが欠かせない脚本家もいた。徹夜で脚本を書いている彼の隣で由利は酒を飲んでいた。ふと見ると、男が文字を書かないで万年筆をピンセットのように扱い原稿用紙の余白部分から何かをつまみ枡の中に虫でも入れるような作業をしているのに気付いた。

「なにしてんです」

「原稿用紙の三つ目の枡目から一文字がトットトットと逃げ出すんだよ。それをペンで抑えて枡の中に戻したんだ」

真面目な顔をして話している。

「おい、煙草！」

というから、煙草に火をつけてやると、またピンセットでつまむ作業を始めた。

由利がヒロポンをやったきっかけは、新宿セントラルに入ったばかりの頃だ。役者の先輩に「名刺代わりだ」と貰ったのだ。

「初めてか？　やってごらん、気持ちがいいから。スキッとするよ」

そう言って女優をやっている彼の奥さんが射ってくれた。

確かにスキッとした。そのうち生あくびが出てきた。あくびをするたびにフワーッと香水のような匂いがした。それからは水を飲んでも食事をしても香水の匂いが消えない。熱も出てきた。もう気持ちが良いどころの騒ぎじゃない。そのまま医者に駆け込んだ。

「あんた、なんか変な注射しなかった？」

向こうもわかっていたが、こっちからわざわざ言う必要はないと、

「いえ、なにも射ってません」

「風呂に入ってドンドン汗を流せば治りますよ」

医者に言われた通りにしたら元に戻った。それでも二日かかった。何故香水の匂いがしたかは、後で射ってくれた女優に聞いて分かった。

「香水の匂い？……そうか、あの注射器でね、買ったばかりのオーデコロンを小さな瓶に移したんだわ。それで洗わないでヒロポン入れて射ったからだ」

だが、その後全くヒロポンを止めたわけじゃない。ヒロポンでとんでもないギャグも生まれた。崖っぷちに板が出ている。この板の先に仕掛けを仕込んでおく。鎹《かすがい》を打ち込んでおくのだ。由利の靴の先にこの鎹に上手くはまるような鉄板が打ちつけてある。板の先まで来て鎹に靴底の鉄板をぴったり合わせる。そこでグーッと谷底を覗く。板がしなる。いくら前に乗り出しても足が固定されているから絶対に落ちない。前後左右、脛のばねを効かせて体を動かす。

爆笑の連続だった。

新宿帝都座五階の小劇場で上演した『額縁ショー』を企画制作したのは、帝劇コミック・オペラのプロデューサー秦豊吉である。見ていないが、秦が『額縁ショー』をやったことは知っていた。それにストリップ興行が金になることが判ると、その二年後にストリップ専門の劇場が次々に開設されたのも目の当たりにしていた。浅草では浅草座、大都劇場、ロック座、美人座などが新装開場し、フランス座、カジノ座、公闘劇場、百万弗劇場が新設開場された。新宿では新宿フランス座、新宿セントラルなどが次々に新設されたのだ。

新宿セントラルに挨拶に行ったその日から、ストリッパーたちにちやほやされた。この劇場は今の伊勢丹会館辺りにあったが、もはやここには佐々木清治も南啓二も宇留木三郎を知る人はいない。もちろんのこと帝劇コミック・オペラで三木のり平の代役をやった由利徹の名前を知る人もいなかった。知らない出演者の中で伸び伸び仕事ができるぞと安心していたのだ。その矢先、踊り子たちに囲まれて意外な展開になった。

「ねえねえ、由利さんてムーラン・ルージュにいたの?」

ムーランで見ていたとか、名前を知っている娘はいなかったものの、ムーランがこんなに顔が利くものだと改めて知らされることになる。

ここでその後の由利徹を運命づける相棒　八波むと志に出会う。もっとも八波を知ったのはそのずっと前だ。ムーランに牧場小夜子という女優がいたが、彼女の夫の八波だと紹介されていたのだ。すぐに親しくなり毎晩飲むようになった。

その頃セントラルに美人の照明が二人いた。アキちゃんとハルちゃんだ。上手の照明はアキちゃん、下手の照明はハルちゃんだ

初めて主役でカサノバをやったとき、上手のアキちゃんが由利にピントを合わせた。こっちもジーっとアキちゃんの方を向いて、ウィンクしてみせた。

八波がアキちゃんの休みに合わせて休みを取って、彼女を井の頭公園に誘ったことがある。フェミストの八波は親切にアキちゃんの手を取ってボートに乗せようとした。ところが彼女はデッキの苔に足

を取られて池の中に落ちてしまった。八波は自分のズボンを渡して、彼女にトイレで着替えてくるように言った。それからステテコ姿で彼女のズボンを絞り乾かした。

それだけアキちゃんに八波は惚れていた。

そんなことがあったのを知らなかった由利は、『カサノバ』の公演中、毎回ピンが来るとウィンクを送った。そして一週間してアキちゃんを映画に誘った。映画館を出ると土砂降りの雨になっていた。風もすごかった。

「家どこ？」

「池袋の向うです」

こっちは笹塚に住んでいたので帰るのもそれほど困難じゃない。それでも、

「弱っちゃったな。俺もこれじゃ帰れないよ。じゃあ新宿に泊っちゃおうか。一緒に泊っていい？　帰んなくてもいい？」

「ハイ」

と来たからもうこっちのもん。御苑近くのせこい旅館に泊った。

翌日、軽い気持ちで八波にその話をした。聞いた八波は、ものすごい剣幕で怒りだした。そこで初めて井の頭公園のデートを知った。

それでも二人の新しい友情が壊れるようなことはなかった。

だがセントラルに入って間もなく八波は浅草のフランス座に引き抜かれた。その代りに来たのがもう一人の相棒になる南利明だ。

当時のフランスでは、由利や南よりストリッパーの出演料の方が高かった。由利が三千円の時、ストリッパーは一万円貰っていた。

ストリップ劇場の公演は、通常ストリップになる踊りがあり、ストリップの入ったストーリー性の芝居があった。例えば『桃源郷』。


仙人の弟子、珍念が由利だ。二人が住んでいる林の奥には村人たちが行きたがる桃源郷があるという。この仙人、男の物を大きくしてくれる鍛冶屋もやっていて、デッカクしたい村の男たちが毎日こぞって来る。

「先生すいません。わたしの、本当にお粗末なんです。大きいのにどうぞ作り直してください」

「あいよ、ちょっと見せてごらん。あらら、こりゃひどいね。粗末なもんだ。珍念、あれ持ってきなさい」

珍念が倉庫から持ってきた細長いゴム風船をトンテンカーン、トンテンカーンと叩き始める。裏方が

裏から空気を送って膨らんできたゴム風船。それを曲げたりひねったりしながら、

「ここんとこどうする。曲がった方がいいか、ちょっと」

と注文を聞いて、出来上がったやつを股間につけてやる。つける途中で風船が破裂する。これは由利が考えたアドリブで破裂しない時もある。大きくなった物をつけた村人は早速桃源郷を目指す。

「珍念、村人ばかりにいい思いをさせることはない。わしも行くぞ。とってのきのいい奴をつけてな」

と仙人はデッカイ風船を股間に付ける。そして珍念を連れて桃源郷を目指す。

ステージには子宮を思わせる黒っぽい色に塗られた枠がある。桃源郷は巨大な女が横たわっている形をした山の書割で、その後ろを二人が歩いていく。女体の山の足の部分からずーっと登って行く。もも辺りに着くと、

「なんかこのへん柔らかそうでおいしそうだな」

「あらッ、仙人さま向こうに森が見えますけど」

「あそこは神秘の花園だ。気をつけろよ。湿地帯だから落っこったら上がって来られないぞ」

ここで一回中割が閉まる。

短い暗転があって中割が開いて明転すると湿地帯の部分が拡大されている。

「あの仙人さま、あそこに見えます、あの鳥居みたいなのはなんですか？」

「あれは観音様じゃないか。あれ拝んでいかなくちゃ。わしの後から来なさい」

そこで仙人、ズボッと穴に落っこちてしまう。落ちた穴に向かって珍念、

「仙人さまー」

「おぅおぅ〜」

仙人の気が抜けた声が帰ってくる。珍念、穴に縄を落して仙人を引き上げる。上がってきた仙人は顔にコールドクリームをつけている。

「あらま、仙人さま、ベトベトじゃないですか」

さらに進んでいく。

「ほら、あの二つの山な、あそこに上っててっぺんを一所懸命揉むと噴火するぞ」

再び中割が閉まり暗転。

開くと明転しておっぱいの先を二人して舐めまわしている。その部分に来るたびに中割を閉めて暗転し、開いて明転するとその部分が拡大されているというわけだ。

「おいしいだろ」

「うん、甘い」

「お前、そこでポンポン飛んでみろ、ミルクみたいなのが出て来るぞ」

珍念が飛び跳ねると、噴水のようにピューッと出てきた液体に仙人が足を滑らせる。すると今度は花園からピュッと粉が吹く。二人は湿地帯の中に入っていく。女の悶え声で

「アッハン、ウッフン」

6

ムーランの頃の清治を知る人がセントラルの舞台を見て仰天した。誰もが清治は猥談こそするが、性格は本来内気でこんな破廉恥な芝居を人前でできる男じゃないと思っていた。だが、セントラルに来てからここの客の求めに応じる芝居を覚えた。生来お調子者だったから、ふざけて受けるストリップ劇場の客ほどやり易いと思った客は初めてだった。

破廉恥だってなんだって客を喜ばせるのが役者じゃないか。この気持ちそのものはムーランの時と全く変わってはいなかった。

ムーランとセントラルでは芝居の仕方から違った。ムーランの芝居で女を口説くときは、

「なっいいだろ」

と言いながら、指を舌でなめる。ここまでだ。これがセントラルになると、

「なっいいだろ」

と言ってから客席を見て、

「どうしたらいいかねえ」

と聞く。すると客席から、

「やっちゃえ」

なんて声がかかる。すると右手の人差し指と中指の間に親指を入れて、

「あっ、いやだ、あのお客、凄いこと言っている。（右手を突出し）コレだって。やだなぁー」

になる。ストリッパーと一緒に舞台に出ていると、客に、

「お前、女のケツとおっぱいばっかり見てないで、俺の芝居見てくれ」

客との対話──これがバーレスクなんだと自然に出た自分のアドリブ芝居を定義づけた。

ストリップ劇場時代はいろいろなコントをやった。得意ネタの一つ「医者コント」もストリップ劇場で生れた。

患者役を由利徹で医者を起田（おきた）志郎、ここに看護婦役でストリッパーのグレース松原やヘレン滝等が加わる。

怪我した由利がセントラル病院に来る。由利はすぐに手術台に寝かされシーツを被せられる。医者が手術室に入ってくる。

「あ、その患者、結わいときなさい。麻酔薬ないからね、きっと暴れるから—じゃ、執刀しましょう」

医者は患者の向うで手術を始めると、看護婦は医者の反対側に立つから客席に尻を向ける形になる。看護婦のストリッパーは、客に見えないのをいいことに、悪戯で由利の物をモロに触る。由利は我慢するが、本人の意志に反して物はだんだん大きくなって行く。もちろん、ここはコントではない。

起田は困る由利をもっと困らせようと、

「ハイ、看護婦は離れてください」

離れられると由利の股間が起立しているのがもろに客に見えてしまう。由利は慌てて、

「あのぉシーツかけてください」

看護婦がシーツをかけて由利から離れると、シーツの真ん中がテントになっているのが判る。ダメを出すように看護婦が、

「あら、何で真ん中が持ち上がるのかしら」

客が大笑いして手を叩く。本来の落ちに行く前にここで暗転が来る。笑って落ちる以上、コントとし

て成り立ったということになる。楽屋で看護婦のストリッパーが、

「由利さんの大きいわね。ね、今晩飲みに行かない?」

となるわけだ。

由利はセントラルで笑いの根底にあるものを見つけた。セックスだ。ストリップ劇場の芝居やコントにセックスが絡むのは当然だ。

『部長の昼と夜の生態』はセントラルに来る前からあったストリップ劇場で生れた伝説的なネタだ。由利もやった。

部長が家に帰ってくると、女中が、

「奥さまは静岡の方に行かれて、明日の晩帰っていらっしゃるとのことです」

「あ、そう」

「旦那さま、お食事の方は?」

「済ましてきた」

二階へ上がって自分の部屋に入る。ドアを閉めるまでは部長。ドアを閉めた途端に女っぽくなる。裸になってシャワーを浴びる。ピンクのタオルを頭に前結びにして出てきて、ボディローションとかを自

分の足から愛おしそうに塗る。由利は裸ということで全身タイツ姿である。パントマイムで自分の股間の物の皮を引っ張り先っぽをテープでくるっと巻いてからこれをお尻に引っ張ってテープで後ろを止める。前が平らになったところでパンティを履く。ブラジャーをして、中にちり紙を丸めたものを入れる。左右の大きさがなかなか合わない。それから化粧を始める。睫毛をつけて口紅を塗る。合わせ鏡で見る。それで下にいる女中を気にしながら階段を下りる。階段から落っこちてからネオンの巷に消える。男と会う。二人で旅館に入る。

「おい脱げよ」

と言われて甘えてごまかす。男の手が顎を触る。髭がうっすらある。ここでセックスを始めるのだが由利はその部分を抜いた。

これはきちんとやれば四〇分はかかる。

自分で考えたさまざまなギャグもうけた。

刑事の由利と変装の名人の怪盗というのがあった。

怪盗は変装が上手いし手がかりも残さないのでなかなか捕まらない。ところが動かしがたい事実がある。性器が人並み外れてデカいのである。グッと上に反っていて、しかも前の方がカーブしている。これは風呂に行かなくちゃわからない。そこで刑事が考える。臭いと思った男を日の当たる場所に連れてくる。洋服を着ていても透き通ってデカい性器は影として映るに違いない。その影を黒い紙と鋏で型紙を取る。それを証拠に犯人を捕まえる。爆笑物だった。

このギャグもヒロポンで出た。

常日頃、自分は本来純情で恥ずかしがり屋で田舎者だと思っている。だけども根は大助平だ。この助平だけは子供の頃からだし、死ぬまで助平でいるだろう。助平ってことは人間的であるってことの証明なんだ。助平でない人間なんて考えられない。

「芝居でも笑いでもセックスに繋がってなくちゃいけない。繋がっているからおかしいんだ」

この自説はストリップ劇場の芝居だけに留まらなかった。由利はその後の映画、舞台でも笑いの根底にはセックスがないといけないという固い信念を持ち続けた。

7

セントラルの仕事が終わると、毎晩と言っていいくらい八波とつるんでいた時期があった。二人とも金がなかった。仕事柄、女には不自由しない。同棲している女がいるのに帰らないこともちょくちょくあった。でも、金がない。

新宿二丁目に大きな門構えの家があった。その前を通る度に二人で、

「この家は大金持ちなんだろうな」

などと話していた。ある晩、

二人して門の中を覗いてみた。二人の目に入ったのはとんでもなく大きな犬小屋だった。

「俺、あそこに住んでもいい」

八波が言う。

「中入ったら三畳はあるんじゃないか。窓つけて住もうか」

「鎖が出てるぞ。きっとデッカイ犬がいるんだろうな」

「八波ちゃん、立派な犬だったら売れるんじゃねえか」

「よしっ、いただいて売っちゃえ売っちゃえ」

ソーッと中に入って二人で鎖を引っ張った。中からやっと出てきた犬はよろよろの老犬。とても売れるもんじゃないとあきらめた。

「腹減ったなァだけど、金ないしなァ」

「そうだ、セントラルの文芸部の人んとこに行こう。なんかあるよ」

二人して夜道をとぼとぼ東中野まで歩く。

「この辺だったかなァ」

やっと見つけて部屋に入れてもらう。

来客の二人も、部屋の主も黙ったままだ。沈黙を破るように由利が言う。

「なんか食うものありますか」

「スルメしかないよ」

二人はスルメでもいいと思ったが、いっこうにスルメも出てこない。そこへ飼い猫が帰って来た。ふっと見ると、この猫が何かを咥えている。近寄って見ると女物の時計ではないか。

「おい、これ売ったら金になるぞ」

「おう、近所の質屋がまだ開いてるはずだ」

主と二人で興奮していると、八波は猫を撫でて、

「よしよし、猫ちゃん、もう一回行って今度は男物を咥えて来てね」

二人揃えば、相手の懐具合を聞くが、いつだってスッカラカンに近い。ポケット中の小銭を出し合い勘定する。

「よしッ、これで焼酎の小瓶二本買えるぞ。そうすると……」

焼酎分を由利がポケットに入れる。残りを数える。

「これで何か食うもん買えるか」

幾らもない。八波は大きな目をさらに大きく見開き、

「ある、ある。鰻買おう」

「馬鹿言ってんじゃないよ。鰻が買えるわけないだろう」

「いや鰻の頭を煮た奴を安く売ってる店があるんだ。こんだけあれば大きい頭二つは買える」

で、焼酎を買いに走り、八波が鰻の頭を買いに行く。

酒と肴は揃ったが、どこで飲むか。どっちの家も今から帰るには遠いし、すぐに飲んで食べたい。

「セントラルの楽屋で飲むか」

「ダメだよ。あそこは泊っちゃいけないことになってる」

「大丈夫だって。ついて来いッ」

セントラルでは先輩の八波が保証する。八波について非常梯子を伝わって二階の庇に乗る。

「あの便所の窓から入れるんだ」

「ずいぶん高いとこにあるじゃないか」

「いいからついて来いッ」

二人で焼酎の瓶を一本ずつポケットに入れる。八波は鰻の袋を咥えて樋沿いに上って行き、便所の天窓からするするっと中に入る。それに続いた。楽屋に入り電燈の傘に八波が自分の上着をかけてから、楽屋の電気を点ける。明るいままだと窓の明かりで外から怪しまれる。

鰻の頭の入った袋を開いてそのままそれを皿代わりにする。目の前に鰻の頭が二つ。思っていた以上にデッカイ頭だ。子供の握りこぶしくらいある。その鰻がワーッと口を開けてこっちをにらんでいる。すっかり食欲をなくした。とても喰えたもんじゃないなと焼酎の瓶の蓋を開ける。八波を見ると旨そうにカリッカリカリッと喰っている。

「もう喰ってんのか。まずは乾杯だろ」

流しにあった茶碗に注いだ焼酎で乾杯。

一気にクッと喉を通すとすきっ腹に染みた。急に腹が減っていたことを思い出す。仕方がないから、鰻の頭を少しだけ千切って口に入れた。やっと落ち着いたのも束の間、コツコツコツと足音がした。八波がすかさず部屋の電気を消す。

「シッ、夜警だ」

小声で言う。

「靴持ってついて来い」

八波が天井にある丸い鉄管の上に靴を乗せたので由利もそれに倣う。それからその鉄管の上に二人して忍んだ。

懐中電灯の灯りが先行して夜警が部屋の中に入ってくる。夜警の頭まで自分の顔から三〇センチもない。しかもこの夜警、煙草を吸いながら見回っている。その煙をもろに浴びて咳が出そうで苦しくてたまらない。だが幸い夜警は出て行く。五分ほど待ってから二人はソーッと床に下りた。

その時分はまだ宝塚出身の女性と笹塚で同棲していた。もちろん一人で収まる男ではなかった。セントラルのストリッパーとも付き合っていた。ストリッパーのアパートに泊ったら、なんだか帰るのがめんどくさくなって四晩泊ってしまった。

さすがにまずいと思って、五日目の夜はセントラルのステージが終わってから笹塚に帰った。

電熱器の上に薬缶が置いてある。薬缶には日本酒の入ったお銚子が一本。スイッチを入れればお燗がつくようになっている。料理も作ったまま置いてある。そして書置きがあった。

「待ったけど、あなたは私のことを全然愛してないから帰ってこないんでしょ。私は出て行きます。元気でえらい役者になってください」

思わず声を出さずに泣いた。この女がいちばん好きだったということに改めて気づいた。

翌日からあっちこっち探して歩いた。よく行く彼女の叔父さんの家も訪ねた。

「うちには来てないよ」

そう言われたがその翌日も、そのまた翌日も叔父さんの家へ行った。いつも同じことを言われて帰った。三日ほど空けてもう一度行った。ヒョイと玄関を見ると、見覚えのある彼女の靴が置いてある。少しだけ大きな声で、

「迎えに来たんだから一緒に帰ってくれよぉー」

おじさんが出てきた。

「冗談じゃねえぞ。何を今頃寝言言ってんだ、この野郎！　そっちこそ浮気ばかりしやがって！　うちの姪っ子を粗末にしやがって！」

口答えできずに、泣き泣き帰るしかなかった。

8

「由利ちゃん、今日内職行くよ、内職行くからね。終わったらすぐね、支度して」

セントラルだけの給料では足りないから内職もよくした。多かったのは、起田志郎とコンビを組んで行ったキャバレーの仕事だ。セントラルで髷のカツラを二つちょろまかして天井裏に隠しておく。最初は、

「あれッ、カツラが一つ足りない」

とスタッフが探していたが、二、三週間も過ぎるともう誰も何も言わなくなる。天井裏から出してみると鼠の糞や蜘蛛の巣がついて、カツラ自体も歪んでいる。ぬるま湯に浸した手拭いで拭いてから、焼いた火箸にぼろ布を巻いてジューッと髷の部分に当てる。

キャバレーでの出し物はたいていが『森の石松と江戸っ子』だった。二人分のカツラと刀一本、全部セントラルでちょろまかしたものだ。広沢虎造の浪曲のレコードの浪曲部分で当て振りをし、台詞部分で口を合わせて芝居をする。いわゆる節劇だ。レコードの針が飛んで、同じ部分を何度もやったり、回転数が早くなったり遅くなったり。レコードに翻弄されるギャグはいつでも受けた。

その日の仕事は銀座のキャバレーだ。電車で行くものだとばかり思っていたら、起田がタクシーを止

めた。

「起田さん、タクシー代あんの？」

「大丈夫だよ」

タクシーが目指す銀座のキャバレー「うるわし」の前で停まる。起田が、

「運ちゃん、ちょっと待って、ここに出演するんだから、いまお金持ってくるから」

「起田さん、ここ？……」

起田はこっちをにらんだ。

「早くしろ」

起田についてキャバレーに入る。ずんずん入って厨房を通って裏に出る。そういうことか。指定されたキャバレーと違う店だったので、それを言おうとした時の起田の目配せの意味がやっと分かった。

帰りのタクシーでは井上新八とやった手を使った。

起田は風呂敷包みを背負って田舎から上京したてのやくざの親爺みたいな恰好をして、由利がそこの若い衆という役ガラで道具の刀を腰に差して、タクシーに乗る。後は例のヤクザ芝居だ。起田も井上も、由利がヤクザ芝居を振っただけですぐ乗って親分風を上手く吹かしてくれた。

ムーランの役者がストリップ劇場に出演するようになるのは落ちぶれたイメージになるが、由利は全くそんなことを思わなかった。

将来に大きな希望もないような顔をしたまま、新宿セントラルに三年いた。

昭和二十九年に新宿セントラルが焼け、横浜セントラルに出演するようになった時、既に民放のテレビ放送も始まっていた。破廉恥な由利徹の芸がテレビに登場するまでにはあと二年だった。

新宿から横浜に行く間の期間、由利はしばらく何もしないでブラブラしていた。

どうしようもないので起田の部屋を訪ねた。

三畳の部屋には見慣れない四二、三歳ほどの女性がいた。これが結構いい恰好をしている。白足袋にいい草履を履いている。気になったのは、足袋のつま先が汚れていることだった。起田のスポンサーらしい。その女に、

「よかったら、家に泊りませんか」

お言葉に甘えてとしばらく逗留することに決めた。

仕事から戻るとテーブルの上に焼酎やウィスキーにつまみまで置いてある。起田はこの女を「社長！社長！」と呼んでいる。起田にどっかの社長夫人なんだと言われ、おごってもらうのも気楽になった。

「あたしは出かけるけど、お腹すいたら、そこの寿司屋さんにでも頼みなさい」

「えー寿司なんかいいの？」

そんなのはあたり前で、

「これ、明日のバス代にして」

セントラルのギャラくらいの額を渡してくれる。

夕方に出て夜遅く帰ってくる。

「はい、お土産、ハイ、ハイ」

団子だったり、中華饅頭だったり、訳の分からないものだったりをお土産に買ってきてくれる。指輪もしょっちゅう替えているし、よほどいいとこの奥さんが社長と夫婦喧嘩して出て来たに違いない。

一週間ほど経った。

朝遅く起きると由利一人。何気なく三畳間の押入れを開けると、ハンドバッグやら財布やら凄い量が仕舞い込んである。こりゃハンドバッグ屋の奥さんだったのか。

それから三、四日したら刑事三人が来た。起田と二人で女はいなかった。

「こういう女知ってますか？」

写真を見せられたので起田はすぐ、

「ああ、さっき出て行きましたよ」

「じゃ待たしてもらおうか」

二人が裏に回って、一人が残った。

「ただいま」

帰って来た。家にいた刑事が彼女の本名を言って、

「行こうか」

彼女は観念したらしく、

「ハイ」

とそのまま三人に囲まれて行っちゃった。

「なんだいありゃ?」

起田は何も知らない。

「どうしたんだろう、社長の奥さん」

「いや、起田、これ、ちょっと見てくれる」

押入れを開けた。

「カッパラってきたのかねえ? 俺たちも連れていかれるんじゃないのか」

後から警察が来て押し入れの中の物を全部持って行ったが、幸い二人にはお咎めなしだった。

そのうち本当に金もなくなりどうしようもなくなって、浅草フランス座に出ている八波のところを訪ねた、楽屋に行くと、

「よく来てくれたな。うちに来いよ」

大森の八波の家に行き、そのままそこの居候になってしまった。

横浜セントラルで仕事をするようになったのはそれから間もなくである。きちんと仕事も決まったので、八波の家に家賃を払って下宿することにした。八波の家と言っても正式には八波夫人の家だ。八波は養子になり本名も富沢から坪田に変わっていた。

近所の大衆食堂にテレビがあったのでよく二人でもやし炒めを肴にビールを飲みながらテレビを見た。

バラエティ番組を見ているとムーランの仲間や、新宿セントラルで知った連中がいっぱい出てくる。

「あっ、あいつ知ってる。あいつも出てる」

「俺、あいつ知ってるぞ」

「ヘタクソなんだ。だけどなんであいつらが出て、俺や八波ちゃんが出られないんだろう」

「よーし、由利ちゃん、俺たちもテレビに出よう！」

「うん。テレビ出て、あいつらをケチョンケチョンにしてやろう」

由利徹にそろそろ欲が出てきた。横浜に下宿しているのが都落ちのような気がしてきた。テレビに出るんならどうしても東京に住まなきゃいけないという思いが募った。

横センに来て一年が経とうとしていた。

台本も書いたし演出もした。その傍ら相変わらず起田や八波と組んでキャバレー出演のアルバイトをした。いつもの節劇コント『森の石松と江戸っ子』や立ち回りが中心になる『武蔵と小次郎』が多かった。

『武蔵と小次郎』は笑わせるようなネタなど何もなかった。だが八波の小次郎は本来二枚目役者がやるのでまず顔で客が笑った。武蔵が「お通」と言うと小次郎が「なにがお通だ」―笑いはそこまでだ。時たま立ち回り前の芝居中で客が店の女の子を呼んでいる声がすると「ウルセエ、そこの野郎!」で、客を笑わせた。そこから先は笑わせるより立ち回りで見せる脅かしの方が多かった。由利も八波も笑わそうという気はなかった。一分の隙もない激しい立ち回りに酔客は危なくて頭を抱えていたものだ。だが、盛大な拍手が来た。二人とも笑いよりこの拍手が欲しかった。

この時代はコメディアンという言い方はしなかった。喜劇役者ないしはボードビリアンと言っていた。大人気のボードビリアンがトニー谷だ。そしてトニーや歌手のディック・ミネなどが所属する方波見事務所は当時の芸能界の一大勢力だった。南利明、佐山俊二もここに所属していた。一方で八波が所属する中川事務所があって三木のり平、千葉信雄などのNHKラジオの『日曜娯楽版』のメンバーがいた。

その方波見事務所の社長の方波見辰雄—通称バミさんから由利に話が来た。

「うちのトニー谷と日劇に出演しないか？」

「出演します」

即答だった。

「だけどなんで俺に？」

「パン猪狩が、盛んに言うんだ。由利ちゃんが面白いって」

「パンさんが……ありがてえな」

「じゃ一日五千円で」

これには驚いた。横センで一日二千円だ。

この時、正に極貧だった。一張羅の上着とズボンを残して、着るもののほとんどを売ってしまっていた。この格好で日劇に行くわけにはいかない。そこで当時付き合っていた女に金を借りた。この女は阿佐ヶ谷のアパートに住んでいたので、週の半分は横浜に帰らなくなっていたのだ。借りた金で黒のズボンとチェックの細かい碁盤縞の上着、白いワイシャツに黒いネクタイを買い揃えた。

この女が後に女房になるとは、このとき考えてもいなかった。

「よし、もう賭場は出来た、いつでも来やがれ!」

気持ちを引き締めて日劇に乗り込んだ。

この日劇出演が喜劇役者としての由利徹の転機になった。

トニーと由利は日劇ダンシングチームのダンスの合間のコントで客を笑わせるいわゆるコメディ・リリーフだ。ダンスが売りと行っても、客の大半は映画・舞台・ラジオで大活躍していた全盛期のトニー谷を見に来ていた。人気の独特の英語を織り交ぜた台詞のトニー谷の一番の見せ場『トニーズ・イングリッシュ』のコーナーだ。もちろんお目当てのトニー谷が出てきただけで客席が騒然となった。

舞台に出た瞬間に、超満員の客席を見て「あー日劇に出られてよかったなー」と思った。

進駐軍の格好をしてパン猪狩らと日劇のダンサーに交じってコミックを踊った。ドッという笑いが来た。日劇の客に大うけしたのである。これにはバミさんも大喜びだ。

「由利ちゃん、いいねえ。うちの専属にならない?」

そこが初めて所属した芸能事務所になった。

昭和三十一年だった。

脱線トリオ結成はもうすぐである。

脱線の時代

1

それまでテレビ出演はNHKのコメディ『おいらの町』等でチョイ役で何本か出たくらいだったが、八波は結構テレビに出ていた。

八波から「南利明と日本テレビに出ているから遊びに来ないか」という連絡が来た。

約束の時間に麹町の日本テレビのロビーに行った。八波と南が衣裳のまま出てきた。

「しばらくだなー」

南と握手をした。

「着替えてくるから十分ほどここで待っててくれる？　それから一杯飲もうよ」

近所の飲み屋に行った。そこへ日本テレビのプロデューサーの村越潤三が来た。

まさかこれが運命の出逢いになるとは思いもしなかった。

「由利ちゃん、久し振り」

村越は由利が帝劇に出演した時、舞台監督をしていた。それ以来の再会になる。

「ここいい？」

そう言って、空いている由利の隣に座った。

「ちょうどいいや。来週の水曜の昼から新番組が始まるんだけど、時間が空いちゃったんだよ──十五分なんだけど、穴埋めでなんかできないかな三人で」

「いいですよ」

「なんかネタある？」

「三人でやるネタならなんぼでもありますって」

「じゃ頼むよ来週」

三人して、

「オッケー！」

「じゃ、明日、そうだなぁ十二時に来てくれる？　飯でも食いながら相談しよう」

今度は八波が一人で、

「オッケー！」

村越は立ち上がって自分の席に戻ろうとして、振り向いた。

「そうだ。グループの名前考えといて」

しばらく飲んだが三人とも興奮していた。あのネタをやろう、このネタはどうだ……八波の家に行ってゆっくり話そうということになった。その頃八波は蒲田の下宿に引っ越していた。

入り口付近で同僚と思われる連中とまだ飲んでいた村越に挨拶して店を出た。

八波のところに行く前にもう一軒行こうという話しになり、三人でタクシーに乗って新橋に向かった。

駅の近くの三河屋という酒屋でコップの下に皿がある盛っ切り一杯。日本酒というより合成酒だ。これを立飲みで三杯。

「銀座寄ってから帰る？」

「そうね」

それから銀座に行く。銀座と言っても銀座で一番安いバーだ。

そこにハナ肇が一人で飲んでいた。

三人とも薄い水割り一杯をチビリチビリやりながら、ニコラシカを飲む。ワンショットグラスにブランデーを入れその上に砂糖が乗ったレモンスライスを乗せる―それがニコラシカだ。

「トリオの名前だけどさ、俺、タクシーん中でこういうの考えたんだ」

八波が言うと南が体を乗り出した。

「なんていうの？」

「うん。今さ、トリオって、お笑い三人組くらいしかいないだろう。だから名前にトリオを入れて洋風にするんだよ。俺たち三人の鼠ってことでさ、スリー・マウスってのはどうだ」

「偶然だなァ。八波ちゃんも鼠で考えてたのか。俺も。それでビッグ・マウス・ブラザーズってのはどう？」

由利が言った。それから三人でああでもないこうでもないとグループ名を考えた。

水割り一杯とニコラシカでもう二時間が経っている。

「行くか」

三人は立ち上がり、甘くなったレモンをパッと口に放り込んだ。

新橋駅まで歩き、京浜東北線に乗って蒲田へ。

駅前で飲み足りないような気がして泡盛をやった。

三人共もうベロンベロンだった。

「俺もう歩けねえぞ」

そう言って縁石に座りこんだ。

「ダメだよ、由利ちゃん、八波ちゃんのところに行くんだろう」

南が見下ろしながら泣き声で言う。

「しょうがねえな、じゃ、タクシーで行こう」

八波の言葉で反射的に立った。歩けないほど飲んじゃあいない。八波がタクシーと言いだすのを待っていただけだ。

手を上げてタクシーを止めた。助手が乗っていた。当時、夜は物騒だからと運転席の隣に助手を乗せていることがあった。三人をジーっと見ていた助手が「どうぞ」と言った。運転手が助手を肘で小突いた。

「あっ、駄目だ。よそ廻んなくちゃいけないんだ」

車が急に発進した。

「なにおー」

持っていた蝙蝠傘《こうもりがさ》の柄をフェンダーミラーに引っかけた。この野郎、逃がしゃしねぇぞ！　タクシーはその傘をかけたまま走り出していた。三人で、タクシーを追いかけた。

「泥棒ぉ！　蝙蝠傘返せえ」

あんまり三人が騒ぐのでタクシーは停まった。喧嘩が始まりそうな気配になったので仕方なさそうに助手が、

「乗れよ」

「なにが乗れよだ」

いきり立つ八波を南が止めた。

「おとなしく乗ろうよ」

しばらく走る。なんだか寂しい場所に来た。方向が違うんじゃないかと八波に声をかけようとすると、八波も南も白河夜船。こっちもウトウトしかかっていたが急に目が覚めた。

車は右が田んぼで左がどぶの土手をどんどん走っていく。「八波のうちへ帰る道じゃねえぞ」――そう思ったとき急停車した。

運転手がどすの利いた低い声で言った。

「降りろ！　ここで」

「なにを！　この野郎、手前ェらも降りろ」

思い切り凄んでやった。南と八波が目を覚ました。前後の左側のドアが同時に開いた。前から二人、後から三人が下りた。いきなり出したパンチが助手の鼻づらをかすった。八波が運転手に掴みかかった。

「みんな、やめてよぉ」

南はただおろおろしていた。それから四人の大乱闘になった。殴るだけじゃない。両方で殴ったりけったり齧ったり。

「痛てえだろうが、この野郎！」

助手が由利の指をかんだまま離さない。まるでスッポンだ。

「離せよ、バカ！」

八波が蝙蝠傘で助手の頭をガンガン叩いた。助手は痛いもんだからもっと噛む。由利は膝で相手の股間を何度も蹴り上げた。

助手の歯は骨まで来ていた。

由利の左手の中指の先にある傷は、この時に噛まれたものだ。いつまで経っても冬になるとズキズキした。

誰かが通報したのか、パトカーが二台来た。お巡りが十人ほど降りて来た。たちまちのうちに喧嘩は制圧され、全員逮捕された。

パトカーとタクシーで近くの交番に連れて行かれた。

五人全員狭い交番の中で立たされた。自分だけ血だらけだった。腫れた左手からも血がダラダラと落ちている。ハンカチで巻応急手当てをする。運転手と助手の目が腫上がっている。それを見たお巡りが、

「こりゃ喧嘩両成敗だ」

今さら相手に凄む気持ちもないしお巡りの方を向く気にもならない。目のやり場もないので下を向いた足元にお札の束が落ちている。百円札で二千円くらいありそうだ。運転手が稼ぎを交番の中で落したのだ。

咄嗟に天井を見上げて、何気なく札の上に足を乗せようとした。そこに別の足が来た。八波を見ると八波もこっちの目をチラッと見た。八波の足だ。二人で足の乗っけっこになった。お巡りの言うことなんか、もう耳に入らない。八波がジェスチャーで、由利が手に撒いているハンカチを落せと指図する。その手があったか。ハンカチを落す。落したハンカチは拾うしかない。札束を掴んだハンカチをポケットに入れる。

お巡りの説教は南以外誰も聞いていなかっただろう。南の泣き顔を見ながら、お巡りさん一人で説教をして一人で納得して、

「いいな、喧嘩両成敗ということで。お前ら三人、このタクシーで送ってもらえ。いいだろ」

ただで八波の下宿まで送ってもらった。

家に入って落ち着いて金を分ける。

「南は全然動かなかったから俺たちと差があるのは仕方がない。俺は大怪我したから八波ちゃんより少し多い。いいな。由利五百円、八波五百円、南二百円、由利五百円、あと三百円残った。これを三人で百円ずつ」

翌日の昼、約束通り村越のところに行った。会うなり、

「名前付けたか？」

「三人で考えようってことになったんですが、八波の家に帰る途中ものすごく脱線しちゃって……」

何か引っかかるものを感じた。

「ねえ、村越さん、脱線トリオってどうでしょう」

「悪くないね」

こうして脱線トリオが誕生した。

2

昭和三十一年四月、日本テレビで毎週水曜日の十二時十五分から公開番組『お昼の演芸』が始まった。この番組で由利徹・八波むと志・南利明の脱線トリオがデビューした。

村越は八波に南と二人が日テレに来る日に、由利を呼ぶように根回しをしていたのだ。日本テレビ開局の昭和二八年までは村越は東宝に在籍し、『マダム貞奴』では舞台監督をしていたので由利の面白さをよく知っていた。加えて、榎本健一一座にいたがエノケンが足を痛めてから一座の公演もなくブラブラしていた南利明。日劇ミュージックホールで見た時から気になっていた八波むと志。

「村越さんは前から俺たちに目をつけていたに違いないんだよ」

八波がそう言ったのだ。村越は八波に頼んだ。

「これまで東京のコメディの系列はムーランと寄席漫才の二つしかなかった。この二つを合わせた創作的なトリオを作りたいんで、八波ちゃん、ひと肌脱いでくれない」

前半は落語か漫才が一つあって、トリオの出番は番組の後半に来る。村越の命名で『脱線トリオのたそがれシリーズ』というコーナーになった。トリオの初回は得意の『森の石松・三十石船』(森の石松と江戸っ子)をやった。だがちょんまげはつけていない。由利が禿面で、八波が女形で登場する。公園にあるようなベンチを船に見立て、南が船頭役をする。同じタイトルの広沢虎造のレコードから流れる名調子名台詞に口を合わせて手振りを加える、いつもの浪曲の当て振り—節劇だ。

初めは麹町の日本テレビのスタジオを使った公開番組だった。客は昼時で休憩中の日本テレビ社員だった。

最初の頃のギャラは一人手取り千円。台本代千円。この台本代を由利と八波が四百円ずつ、南に二百円とわけた。何しろ番組の制作費が一万円しかなかったのだ。予算がないから「たそがれシリーズ」に女性役が欲しくても三人の誰かに女性役をやってもらうしかなかった。が、それがまた受けた。

始まってひと月で脱線トリオの人気が急上昇した。三人それぞれが日常でその人気を自覚した。風呂屋でも食堂でも居酒屋でも声をかけられ、道を歩けば知らない人に振り返られた。

そうするうち、テレビの仕事が急激に増えだした。若いから少しばかり天狗になった。デビュー三ヶ月で「脱線トリオは扱いにくいぞ」という声が三局しかないテレビ界で囁かれるようになったのも知っていた。

だがテレビにすぐ慣れたわけではない。それどころか客のいないところでテレビカメラの前で何かをするのが苦手だった。三人とも目の前に客がいるのには馴れているが、麹町のスタジオでは客よりカメラが優先だった。由利の目にはまずカメラしか入らない。客が見えないからお互いが照れてしまう。やり過ぎるということもないが、それがまた物足りなかった。カメラ脇に立つスタッフや会場で見る他の出演者を吹かせるのが楽しみになった。

女役は南が多かったが、八波が女をやりたがった。八波は鏡の前で睫毛をつけてじっくり化粧を始める。鏡をジッと見て、

「ああ、いい女ッ」

とつぶやく。真面目に女になってしまうのだ。だから受ける。ゴッツイ肩幅で、ま四角な顔をした男がやる女は出て来ただけで笑いが来る。由利が二人の女のどっちかを取れと迫られるコントでは、力づくで八波が由利をものにするという落ちで客席を沸かせた。

八波の突っ込みは凄く、この突っ込みがあるから由利のボケが当たったのは間違いない。自分もストリップ劇場でやる下ネタは極力避けた。八波得意の暴力的なギャグも最初はテレビではと心配したが、茶の間の主婦たちの攻撃対象をぼかしてしまうほど笑わせるパワーがあった。

『娘系図』をやった時は八波がお蔦、南が主税、由利が向島の先生役をした。真ん中に少し毛が残った禿ヅラは由利の専売特許になっていた。その真ん中に残った髪をピンと立てた先生は、湯島天神にいる。二人が来たのに気付き物陰に隠れる。二人はおみくじを引く。読み終わると物陰に突き出ている由利の毛にそのおみくじを結ぶ。それを八波がクックッと引っ張る。ゆるいカツラだから横にそれる。顔を出して思わず吹いてしまった。

大波のような笑いでスタジオが揺れたような気がした。気分いいなァ。

まだビデオの時代ではなかったから自分たちのコントをチェックするなんてことは出来なかった。テレビサイズの中で他人がやるコントを見てびっくりした。

「コントは全部を見せなきゃいけない」という信念があったから、カメラは引いたままでいるべきだと思っていた。ところが台詞を言っている人間のやたらにバスト・ショットになる。その時に絡んでいる相手がおかしいのに。脱線トリオもこんな風に撮られているのか。そう思ってから八波の長台詞の間は映ってないからわざと変な恰好をしたりして客の笑いを取った。スタジオ客席から笑いが起こるのにテレビに映っている方は笑えるようなことをしていない。そんな画面が流れることが多くなった。テレビの方がそれに気が付いたなと思ったのはこんなコントをやった時だ。

由利が社長で南が社員。

「社長、すいません。女房がお産なんで少し前借をしてもらいたいんですけど」

「お前はいつも金のことばっかり。金、金、金、金って……しょうがない。小さい金を会計行って借りなさい」

すると、南が向こうを向いてアドリブで言った。

「なに言ってんだ。夕べのタクシー代も払わないで」

これにはおかしくってクックックック笑ってしまい、思わず机の下にしゃがみ込んでしまった。カメラがパンダウンして隠れた由利を映しだした。カメラが自分を映しているのに気付いて慌てる自分にスタジオの客だけでなく、テレビを見ている茶の間の視聴者も大笑いしたに違いない。

何回か終わって脱線でコントのなんたるかをある程度掴んだ。

「コントは後味を残すことだ」というのもその一つだ。

由利が隠亡をやっている。死体が続々くる。次から次へと焼いていく。スルメを一緒に焼いて酒を飲み始める。「おう、また来たな」—棺桶を火の中に入れる。ガシャーン。しばらくして「焼けたかな」—出してみる。「もうちょっと焼かなきゃ」—ガシャーンとまた入れる。

これで終わりだ。それでいい。だが作家に書かせるとこれに余計な落ちをつけてしまう。あれこれつけようとするからつまらないコントになるんだ。後味を残すというのがコントの条件なんだよ。

寝る時に布団に入ってから短いコントを考える癖がついたのもこの頃からだ。「いろはにほへと」の「い」から始める。「イエス・キリスト」—南にイエスをやらせる。由利がイエスの前で女といろいろやっている。しばらくするとイエスが「いい加減にしろ!」—ジャンジャン(落ち音)。自分の考える後味を残すコントはここで終わる。

「は」—「博士」—由利が博士だ。水槽の前に立っている。水槽の中の魚に白い液(精液だ)が入った注射をする。人魚になる。これでいい。

「せ」—「セーター」—息子の毛糸のセーターの脇あたりがほつれている。向うじゃおっかさんが捲いた毛糸で息子にセーターを編んでやっている。息子は酒を飲んでいるうちに暑くて脱ごうとすると脱いだセーターがない。あれっと思っておっかさんを見ると、息子がさっき着ていたのと同じセーターを編んでいる。

3

八波も南もいわば浅草生まれの喜劇役者だが、由利一人だけ浅草にはそんなに縁がない。シミキン一座と合同公演をしたくらいだ。それでも浅草での喜劇役者ならだれでも知っているようなコントは、打ち合わせだけですぐできた。貰った台本がつまらないと、八波が、

「じゃ、あれやろうか」

となる。『女系図』や『金色夜叉』『不如帰』等の名作シリーズもあるが、急に二人で何かコントを頼まれたら、

「『嫁さがしと中古車』でいこうか」

これで打ち合わせなくてもすぐ舞台に掛けられた。

「これ最高だよ。乗ってごらん」

「乗ってごらんてすぐには」

「足まわりもいいよ」

「足まわりですか?」

「スプリングもいいよ」

「スプリング？　乗ったことあるんですか？」

「あるよ。毎日乗ってた。六十年型がいいんだよ」

「六十年型？」

「後ろ押してみな、張りも塗装もいいし」

最初に喋る男が中古車のことを言っていて、相手は嫁を勧められていると思っているという勘違いコントだ。これは大昔からあったはずだ。

鏡のネタもよくやった。

野球のスローモーションもやった。これは八波と二人か南と二人でもやった。

南がアナウンサーで由利がキャッチャーから始めて全部をスローモーションでやった。ピッチャーが投げる。バッターが打つ。南に喋らせておいてセカンドの守備をやる。ところがトンネルする。ランナーがサードに滑り込む。このスライディングが難しい。片方に体重をかけるから疲れるのだ。サードが滑って来るランナーにタッチすると、審判が「アウト！」とやる。タッチする時、トランペットで「プー」という音を出して、ランナーがサードの奴に屁をかまされたりするアイデアは由利が出した。

浅草三大コントと言われる『仁丹』『天丼』『レストラン殺人事件』もタイトルが出て、役どころが決まったらすぐできる。三本とも『お昼の演芸』にかけている。特に『仁丹』『天丼』は設定を変えれば何度でも出来た。

『天丼』も勘違いコントである。

「お前、天丼いっぱい食わせるから頼みたいことがあるんだ。あの彼女と付き合いたいんで、お前がやくざになって、女脅かしてくれ。いいとこで俺が出てって、俺にやられて欲しいんだ」

という導入があって結局は本物のやくざが出て来てやられちゃって、女が、

「だらしない人」

と言って、ヤクザと腕を組んで行っちゃうというのが落ちだ。

そう言う骨組みがあって、中身のネタは八波や由利がその場の打合せで作っていく。もちろん打ち合わせがないなんてこともちょくちょくあった。

女を口説く時に頼まれた男が葉っぱなどをつけてベンチの後ろに隠れて、書いたメモを渡してやる。

要するに『シラノ・ド・ベルジュラック』ネタもきまりものだ。メモを見て、

「ぼくはあなたが好きです」

紙が来ないから、

「おい、おい」

「なんだよ」

「続き、続き」

「なにが続きよ」

そのうちに紙がなくなって、質屋の札の裏に書いて渡す。

「一月、五十円也。ズボン一本」

『仁丹』こそ最高傑作のコントだと思っている。『仁丹』を教わったのは昔浅草でやったことがある役者からだった。

お巡りと扁桃腺で声が出ない男とルンペンの三人。昔は唖だったがテレビの時代では「唖」は絶対使えない。

公園にベンチが一個と街燈。

アベックがいちゃいちゃして、公園のベンチにハンドバッグを忘れていく。そこに由利と八波の二人のルンペンが上手下手から後ろ向きで辺りをうかがう同じポーズで近づいてくる。両方が後ろ向きのままバッグに手を伸ばすとお互いの手を握っちゃう。取り合いになっているところに南のお巡りが来る。

「おいおい、こらこら、なにしてるんだ」

由利が答える。

「はい？」

「おい、お前はなんだ、住所を言え」

「秋田です」

「秋田？　秋田のどこだ」

「秋田県大字秋田字秋田小字秋田、あーあー秋田」

「ふざけんな。お前は？」

八波の方は扁桃腺を患っているふりをする。身振り手振りで何かをするのでお巡りが、

「なんだ、こいつは？」

「あっ、こいつは扁桃腺で声が出ないんです」

そう言って由利はハンドバッグを股に挟んでそのまま行こうとする。

「待て！　歩き方がおかしいじゃないか」

パタッとバッグを落す。

「なんだこれ！」

八波がお巡りの後ろに立ち小指を立てて、お前のかァちゃんのだって言えと手真似をする。由利が、

「かァちゃんの物です」

「なにが入ってるんだ。夫婦は一心同体って言うから、なにが入っているか判るだろう」

八波がうんと言えという素振りをする。

「うん」

「じゃ、中身を言ってみろ」

八波がバッグを覗いて、ハンカチを見る。すぐに手で四角い形を作る。汽車の窓からそれを振る素振りをする。それを見て由利が、

「なに、汽車？」

八波が違う違うという素振りをして、四角い形のもので首の周りを拭く。

「あ、タオル？　違う、ハンカチ？」

八波が大きく当たりのサイン。南が、

「ああ、ハンカチだ。それと……」

八波が南の肩に顎を乗せて、バッグの中身を見る。ここからが時間があればあるだけいろいろなものを出してマイムで当てさせる作業が続く。汽車の切符、煙草、ライター、ちり紙、目薬……。映画の切符だったらチャンバラをやり、女形をやったり、場所によっては、ゴムやサックもやった。ゴムに息を吹き込む素振をし、それを自分の頭にかぶせて息ができずに、あえぐところまでやった。

お巡りはあれこれ動く八波が煩わしいので、地面に丸を書き、

「お前、この丸ン中へ入ってろ」

それで落ちが仁丹。仁丹の看板というのは肩章をつけてナポレオンの帽子を被った軍人だ。これをマイムでやるのだ。南がとぼける、

「妊娠したかァちゃんが髭を付けて……」

八波がたまりかねて、

「仁丹だよ！」

「バカヤロー、喋れるんじゃねえか」

これはムーランの時からやっていた。中嶋正と春日八郎と由利の三人が先に着いて、汽車が遅れて後の役者と荷物が来ないので二人に『仁丹』を教えた。来るまでで時間を持たすつもりだったのに、気がつくと一時間二十分もやっていた。あのときは、客に「もういいから」と言われてしまった。

もう一つが『レストラン殺人事件』だ。

セットはレストラン。それらしい曲がかかっている。そこへガラの悪い客が入って来てボーイに絡む。怒ってボーイが客を殴ると、その客が死んでしまう。こいつをカウンターに座らせて、煙草を吸わせる、別の客が入ってくる。その客がカウンターの客のところに煙草の火を借りに行く。

「ちょっと火を貸してください」

何度言っても男は知らんぷりをしている。

「なに気取ってんだ！」

と肩を押すとタバコを吸っていたが床に倒れる。火を借りようとした男は驚いて、倒れた男を元のように座らせる。ところが煙草を反対の手に持たせてしまう。ボーイが戻ってきて驚く。

こうしたところが基本だが、二番目の客がボーイを殴ってこれも死んでしまう。なんとか壁に寄りかからせるとか、自由に展開できるのもこうしたコントの便利さでもあった。

4

アドリブが面白い脱線トリオはすぐに話題になった。漫才や落語と違って客の反応によってアドリブを作っていく—それが上手いのが由利と八波のコンビだ。二人のキャラクターを強烈に生かして落ちまで持って行くパワーは誰にも負けないと自覚していた。

村越も脱線トリオのアドリブに注目しているのを知っていた。NHKラジオの『日曜娯楽版』や『陽気な喫茶店』がその時その時の話題をさっと台詞に入れて成功したので、村越がトリオのアドリブもそんなふうに展開させようとしているのも感づいていた。

『カルメン』『三銃士』『金色夜叉』といった古今東西の古典的名作に「脱線」や「珍版」をつけた台本は若い作家に書かせた。それがトリオの前にどんどん来る。

きちんとした台本があってそれを崩していく芝居をアチャラカ芝居と言うが、由利も八波もアチャラカが得意だった。

アチャラカは基礎がないとできない。由利はドタバタも嫌いじゃないが、ムーランで覚えたアチャラカの方が自分に向いていると思っていた。基礎がガチッと出来たものを自分で崩すのがアチャラカだ。最初から崩してしまうのがドタバタだ。基礎ができない奴はアチャラカもできないし、ドタバタしかできない。基礎がある自分は違う。

ドタバタというのはストーリーがなく、ただ客の反応を見て「受けなかったら何もかにもドタバタやっちゃえ」というところから来ている。だからアチャラカとドタバタをいっしょくたにされるとなんだか嫌な気がするのだ。

アチャラカは多少スマートさがある。古川ロッパから来たなんて話も聞いたことがある。軽妙洒脱に笑わせる。それがアチャラカだ。

ドタバタは客が笑わなければ、すっ飛んでも転んでも何でもいいから客を笑わせる。芸がなくなったらドタバタでもやるしかない。

聞かれればそんなふうに答えてやるが、実は由利はドタバタもアチャラカも好きではなかった。それはムーラン出身という自負があるからだ。ムーラン時代には知らず知らずにやっていたのかもしれないが、意識してはドタバタもアチャラカもやっていないのだ。

脱線トリオは現場に来ると揃えられた衣裳を着て、ほとんど台本を無視してこれを演じた。村越は朝の新聞で見つけたホットな話題をアドリブとして入れさせた。それがワッと観客に受けた。全盛のプロレスネタも取り入れさせた。

脱線トリオの人気は『お昼の演芸』が週を追うごとに急上昇して行った。七月の三週間は日劇の『夏の踊り』に由利の出演が決まった。これを機に、由利の日劇出演がしばらく続く。

九月の『オンボロ人生』全九景（加藤芳郎原作・塚田茂脚本・武智鉄二演出）ではペギー葉山の父親でオイボレという役をやった。元貴族という乞食が藤村有弘だった。乳母車を改造した乗り物に乗ってそれをボロボロのフロックコートを着た侍従が押している。

オイボレは礼儀正しい泥棒の役で、盗みに入るときに「ごめん下さい」と断って、上がる時自分の履物を揃える。まずは箪笥の前に正座する。それから箪笥の引き出しを下から開けて行き、畳んである着物を開いて見て、いらなければまた畳んでしまう。こうして一段ずつ開けては着物を見ていらなきゃ畳んでしまう。全部マイムだ。この所作に拍手が来た。三段目には現金が入っている。これを頂き手拭いを出して綺麗に指紋を拭いてから帰るという礼儀正しさだ。

この日劇の楽屋に、笹塚時代に別れた元宝塚の女性が訪ねてきた。

「どうもしばらくでした」

「やあ、どうもしばらく」

それから少し沈黙が続いた。

「えらくなったねェ、よかった」

彼女が先に口を開いた。

「どうしてんの、今」

「どうしてるって？」

「まだおじさんのとこにいるのかい？」

「ううん、結婚したの」

少しばかり動揺したが幸い顔色は変わらなかった。

「誰と？」

「病院の院長さん」

「ふーん」

また沈黙が続いた。彼女は楽屋見舞いの花に刺した有名人の名前が書いてある札に目をやった。その名前を一人一人読み上げ始めた。それから急に、

「ねえ、よかったら車買わない？　私と旦那が乗ってたオープンカーがあるの」

この女何を言いだすんだ。今さら手切れ金代わりになんてことは言う女じゃないが、なんだか係わりを持たない方がいいような気がした。

「いや……今は雑誌の方でも名前だけ売れてるけど、金はないんだ。もうちょっと待ってね」

「そうか。じゃ、他あたろう。もう帰るね」

「でも、元気そうでよかったよ」

「ありがと」

あの懐かしい微笑を最後に彼女の顔を見ることはなかった。

それからひと月ほどして噂で彼女の死を知った、由利の楽屋を訪ねてきた三、四日後にポックリ病で死んだのだ。


番組が始まって半年ほど経つと、三人とも経済状態が良くなった。もうどこへ行っても、

「ワー脱線トリオだ」

と言われるようになっていた。「天狗になった」という声も聞いてはいたが三人とも仕事には厳しかった。番組終了後、必ず長いディスカッションをした。八波が進行役だ。

「南、なんであんな芝居すんだよ」

荒い気性の八波は厳しく南を批判する。

もちろん楽屋で由利と八波がぶつかることの方が多い。なにが原因だかわからないが二人は口論になった。

険悪なまま舞台に出た。コント中、二人ともアドリブは一切やらなかった。台本に「八波、由利を殴る」とあると、八波は思いっきり殴った。楽屋に戻ると由利は黙ってはいない。

「なんであすこで殴るんだよ」

「殴ったら面白いから殴ったんだよ」

それっきり二人はプイとする。楽屋の鏡を前に南を挟んで、左右に由利と八波。八波が鏡越しに憎たらしい顔で由利を見ている。それを無視する。三人が鏡の中の誰かチラッとは見るが誰も口をきかない。そのうちふと由利と八波の鏡の目が合う。お互い目線を下げる。スーッと目線を戻すと、八波の睨んだ顔がある。一触即発だ。

「やめておくれよ」

南が泣き声で言うと、八波は椅子を蹴るようにして立ち上がりトイレに行く。残された二人は黙ったままだ。南のすすり泣きが聞こえる。戻って来た八波は果物籠を持っている。

「お客さんから果物の差し入れですよ」

そう言って由利の化粧前に籠を置くがお互い目も合わさない。由利は籠から林檎を取って黙々と皮のまま食べ始める。南が再び泣き始める。

「止めておくれよ」

「どしたの何を止めるの？　なあ由利ちゃん」

八波のこういうところが由利は好きだ。

「八波ちゃん、この林檎旨いぞ。放るよ」

「サンキュー」

八波も由利も何事もなかったように会話を始めた。

それから三人で飲みに行く。

初めの頃は不仲という仲になる程お互いが裕福じゃなかったために、不仲になりようもなかった。喧嘩して、

「よしわかった。じゃ俺下りる」

と啖呵を切ったら、その日から仕事がなくなってしまうのだ。

5

十一月に初めて脱線トリオとして日劇に出演した。日劇爆笑シリーズ『笑うべからず』二部十二景（小沢不二夫作・野口前春演出）で共演は楠トシエ、市川寿美礼、如月寛太、E・H・エリック、桜京美だっ

た。

翌三十二年二月に「第三回東京喜劇祭り」と付いた『寄らば斬るぞ』全九景で、初めて由利は榎本健一、柳家金語楼、古川ロッパと同じ舞台に立った。この時、エノケンから南の勘当が許された。

南がエノケン一座に入ったのは昭和十四年だ。二十七年にエノケンの脱疽が悪化したとき、看病中に南は失敗をして破門になったままだった。

初日の幕が開いて数日後、由利は如月寛太に呼ばれた。

「今夜終演後、オヤジ（エノケン）が脱線を銀座の竹福という料亭に招待してくれてるから来いや」

楽屋で二人に話した。

「舞台で調子に乗ってるから三人まとめてゴツンってことかもしれないぞ」

と脅かすと、南が泣きそうな声で、

「二人とも済まない。俺のせいで一緒に怒られるなんて」

「まだ怒られるって決まったわけじゃない」

と八波が意外に冷静に言う。

「おかしいな。勘当を許してくれるなんてありえないし。なんで由利ちゃんや八波ちゃんまで呼んだんだろう」

「楽屋でも俺たちには『あ、おはよう』って機嫌が良かったしな」

「南ちゃんと口をきかないわけでもなかったし、先生と弟子みたいな感じだったよな」

「今年コマで会ったときも変な目じゃ見られなかったよな」

「エノケン先生は屈託ないっていうか、俺たちが舞台で練習してるの見て、腹から笑ってくれたじゃないか」

「そうそう、普通役者って他の役者がやってんの見て笑えないもんだよな」

「怒られた話を南ちゃんから聞いてるから、最初は怖かったよな。あの大きな目と年輪を感じさせる皺ね」

「でもね、俺と八波には優しいよな、最初から」

「うん、初めて会った時には由利ちゃん、八波ちゃんってちゃん付けだったしな」

「ともかく、三人ともエノケン先生の前じゃ礼儀正しくしなきゃ駄目だよ」

如月に連れられてタクシーで竹福に向かった。

タクシーの中で八波が小声で独り言のように言う。

「エノケン先生がまあ一杯って言っても、いいえ、結構ですって言おうな」

立派な店構えの中に三人は恐る恐る入る。料亭も初めてだったので否が応にも緊張した。仲居に通されて襖の開く前に廊下で床に手をつけてお辞儀をしようと思って座りかけると、仲居がすでに襖を開けていた。中腰のまま正面に座っているエノケンと目が合った。

「おう。どーもお疲れさま。さあ、入んな、入んな」

エノケンは足が悪いのに立ち上がった。

「由利ちゃんと八波ちゃんこっちに座んなさい」

と床の間を背にした席を指す。からかわれているのかと思った由利は、

「とんでもない、とんでもない」

とんでもないが二回出た。如月が、

「いいから座りなさい」

八波と言われたところに座った。南はもう縮み上がっている。エノケンは南を隣にして下座に座った。

それから畳に手をついた。

「由利ちゃん、八波ちゃん、ありがとう。どうもありがとう。ウチの南をよくここまでしてくれた」

そして頭を下げた。南は隣で土下座している。

残る二人が座布団を外して、

「とんでもない、とんでもない」

他に言葉が見つからない。

「今まで勘当してたけど、南もこんなに立派になった。勘当を許す」

南が声を出して泣いた。つられるようにこっちの二人も声を出して泣いた。

「それからな、お前ら、俺の台本で好きなものやれ。何をやっても構わないからな」

三人共また大泣きした。


このことがあったせいではないが、エノケン、金語楼、ロッパの三人ではエノケンだけを尊敬するようになった。

金語楼は落語畑だから先生じゃなくて師匠と呼ぼうかと迷ったこともある。お座敷芸は大したもんだった。布団を指で回したり、女形で日舞を踊っても様になる金語楼には一目を置いていた。

ロッパは、芝居は上手いらしいが、喜劇というのは飛んだり跳ねたりして動かなくちゃいけないと思っていただけに、ジッとしているのを見てこれは喜劇役者ではないなと思った。

エノケンは足を悪くしてもトンボを切っていたし、義足でも立ち回りが上手かった。あれが喜劇役者だ。

ただロッパの持って生まれた風格にはさすがに叶わないとも思っていた。

ロッパの駄洒落は面白かった。いきなり駄洒落を言う。

「実は夕べ、越路吹雪の家に行ってな。遅くなったんで泊ってきた。んーー『越路家に逗留』」

森繁の主演映画『腰抜け二刀流』をもじった駄洒落だ。

エノケンと何度か話したことがある。すると必ず音楽の話になった。リズムの話だ。エノケンは
「チック・タック・チック・タック」

時計のリズムを口で言って、

「いいか、これに合わせれば何でもできるんだ」

と教えてくれた。だが袖でエノケンの立ち回りの動きを見ながら時計の刻みをやってみると、全くエノケンの勝手なリズムだった。そこで気が付いた。リズムを間違えたら喜劇的動きは大怪我をする。よく見ていると、リズムと間を上手く使い分けているのだ。立ち回りは、

「イチ・ニッ・サン・シィーニイ・ニイ・サン・シイ」

と間をジーっと数えているのが判った。相手と目と目が合うという間もエノケンのリズムだった。「サン・ニッ・サン・シィーシイ・ニイ・サン・シイ」で、「ゴ」でスカッと相手を斬る。さすがだと思った。

『お昼の演芸』が有楽町駅前に新設されたよみうりホールになったのは三十二年五月だ。新装にちなん

で最初の十五分は新しくレギュラーになったコロムビア・トップ・ライト。

その頃、サトウハチローが週刊誌で脱線トリオを絶賛し、人気が急上昇したばかりだった。五十回記念で、脱線トリオファンを自認するサトウハチローの他に、柳家三亀松、玉川一郎がゲストで来た。

三人が脱線トリオについて言いたい放題を言うという設定だった。

「由利がボクシングのコントで、ボディを撃たせないためにトランクスを胸まで上げる奴、あれには笑ったなァ」

「由利はよく動くし、三人ともテレビじゃ新鮮だねえ」

と誉めたと思ったら、

「こいつらのやるくだらないバカみたいなことを昼時に見せられて気持ち悪くて飯が喉に通らない」

とけなす。

座談会をするゲストと一緒にトリオが絡むという芝居をするはずだったが、ゲストは約束事を無視して途中からわざと悪口ばかりを言ってトリオを困らせて喜んでいる。言われっぱなしで由利・八波・南、ろくになにもやらないまま時間が来て終了してしまった。それでも悪い気はしなかった。

この頃から、素で舞台に出るのは苦手だったから三人のゲストと絡む場面は乗り気じゃなかっただけに、ゲストの一方的なしゃべりになったので安心した。

大体が照れ屋だが、メイクをしてしまえば舞台に出て大胆なことをやれる。テレビでも素で出なくてならない時は、得意の禿ヅラがなければ、鼻の下にちょび髭を描いたり鼻から頬にかけて黒墨を指でサッと引いたりした。自分が素顔ではないと納得できなければテレビカメラの前にも出られなかった。

6

一年過ぎた頃には脱線トリオの人気がさらに出てきて、NHKと民放の日本テレビとラジオ東京テレビジョンに、日本教育テレビが加わって四局になったばかりの時代に月四十本の仕事が来たこともあった。

初めて出演したNHKはカラーの試験放送でなぜか教育テレビだった。脱線トリオの得意ネタ『空手コント』をやった。

脱線トリオはこの年、映画に出た。三木のり平主演の東宝映画『次郎長意外伝・灰神楽の三太郎』だ。岡晴夫の映画の仕出しを覗けばこれが映画初出演になる。伊豆の長岡でロケをした。

初日の晩飯の席で、自席にあった銚子を手に次郎長役の小堀明男に三人で挨拶に行った。

「脱線トリオです」

「知らねえなあ」

感じの悪い男だ。それでも八波は明るく、

「よろしくお願いします」

隣に座っていた丘寵児が脱線に、

「一杯、注いでやんなよ」

「はい。どうぞ」

南が手にした銚子を小堀に向けるが、南を見ようともしない。

「いいよ、いらないよ！　なーにくだらないことをやってやがんでえ」

八波が最初に切れた。

「なにイ」

次に、意外なことに南が凄んだ。

「ふざけんな、このバカヤロー」

由利と八波がそばにいるから安心して虚勢を張った。

その二人が目を合わせた。「やるぞ」という喧嘩の合図だ。それから大乱闘になった。一通り暴れて
三人は八波の部屋に戻った。

「飲み直そうぜ」

「広間出る時、お銚子の五、六本持ってくりゃあよかったな」

そこへ天童八角役の沢村宗之介が一升瓶を持ってやってきた。

「誠に申し訳ない。ま、飲んでくれ」

飲んでるうちに沢村、

「小堀の野郎、なに威張ってやがんだ」

沢村の小堀に対する怒りが溜まっていたのが判った。

このロケーションが楽しかった。ロケがではない。泊った旅館で楽しいことばかりあったのだ。週に一度水曜に東京に日帰りして長岡の旅館に二週間程泊まった。

ここでも女中たちにもてた。ほとんどの女中を頂いちゃったのだ。

団体客が来ると、客の残した燗冷ましをそっと部屋に持って来てくれる女もいた。時には残った燗冷ましを全部でっかい薬缶に入れて持って来てくれることもあった。

毎晩、三木のり平と脱線トリオで飲みきれないほど飲んだ。

飲んだ勢いでお調子者の性格が丸出しになることもよくあった。

二階に部屋がある八波のところを訪ねたふりをして、

「八波ちゃんいない？」

知らない部屋を勝手に開けるのだ。幾部屋も開けていくと新婚で来ているのがやり始めていたり、女が男の上になっていたり……。そんな楽しみもあった。

八波の部屋に行くとこんなことがあった。

八波が南をなだめている。

「そういうつもりじゃないんだって、南ちゃん」

「あれはないだろう」

南と薄暗い電気の下でもめている。

「南ちゃん、どうしたの？」

と聞くと、

「この野郎ね、一緒に風呂入ったら、湯船の縁にチンポコ乗せて、わざと縁を叩くんだ。それで元気にするとか、俺のは湯船の縁からこんなに出てるとか……俺の短いの知っててさ……この野郎！」

それからああだこうだとまだもめている。

「やめろよ、そんな長いの短いのって。それよりさ、今夜、中田康子が着くっていうからさ、風呂場覗きに行こうよ」

喧嘩していた二人は急に由利の話に乗った。

夜遅くなって、風呂場の高いところにある窓の下の氏神さまに梯子をかけた。窓の下の庇に上がった。

風呂場に灯りはついていない。

伊豆とはいえ四月は寒い。三人共、持参した毛布にくるまってじっと待つ。三〇分ほどすると薄暗いランプが風呂場に点いた。小声で八波が、

「あ、来た来た」

三人は窓にぶら下がるようにして中を覗く。湯気の向こうに真っ白い背中が見える。目が慣れてくると、しゃがんで水道の蛇口で股間を洗っているのが判る。三人共興奮した。

やった！ こっちを向いた！ 風呂を跨いだ。

男だった。

途端に気が抜けた。三人共むき出しになっている肌でかゆみを感じた。蚊に刺されるのも気が付かないくらい背中姿に神経を集中させていたのだ。

「帰ろ！」

梯子がない。見回りの番頭が片づけてしまったらしい。

「どうする？ 飛び降りる？」

「怪我するよ。人を呼ぼう！」

それしかない。八波が声を出す。

「オーイ。オーイ」

番頭はじめ旅館の従業員が五、六名出てきた。

「誰だ！　おい、なんか変なのがいるぞ！」

「すいませーん、映画の出演者です」

「なんで、そんなとこに上がってるの」

「お月様見ながら明日の相談……」

この年、映画に五本出演した。

7

十二月には日劇で渥美清と共演した。テレビのある水曜日は日劇とよみうりホールまでの約三百メートルは行きも帰りも楽屋着のまま走った。楽屋着といっても浴衣だ。雪が降っても浴衣のままで走った。

初めて渥美を見て、これは大物になるぞという予感がした。二人で『スキー教室』というコントをやった。由利が指導員で渥美が生徒だ。八波と組むと強烈な突っ込みに由利がボケていたが、相手が渥美とだと当然のように突っ込みを選んだ。

強い風が前から来たり、横から来たメリケン粉を雪だと言って、渥美にぶつける。

「目を瞑るな！　開けて滑れ！」

渥美は小さい目を目いっぱい開けようとする。このおかしさに場内は大爆笑だった。

昭和三十三年には映画出演依頼が急に増えた。東宝で『灰神楽』の三作目と春日八郎主演の映画に出た後、東映の『源氏九郎颯爽記・白狐二刀流』に南と二人だけで出演した。

初めての京都東映の撮影だ。監督は加藤泰。主演は新人の中村錦之介。

監督の「スタート！」の声を役者もカチンコ担当の助監督も息をつめて待っていると、もう一度「ヨーイ」と来た。

また皆構え直すとすかさず、

「由利さんと南さん、金閣寺の方向いて走るんだよ、いいね。ヨーイ」

外ロケではない。スタジオの中だ。まして東京から来ているのだから金閣寺の方向なんて判らない。

「スタート！」

今度はカチンコが鳴った。二人で棒立ちになっていると、

「カット、カット！」

監督と助監督が舌打ちをした、「アーア」と言っている役者の声が聞こえる。

「変な役者連れてきて！　金閣寺がどこかわからないんだから」

居合わせた役者の誰かの声がスタジオ内によく通った。

翌日、火事で右往左往する江戸市民の中を同心の由利と南が馬に乗って町中を行くというシーンの撮影だ。

南が、

「すいません。馬、乗れません」

「なんやこいつ」

その翌日撮影は休みだったが、南だけトラックについた鞍にまたがってそのシーンを撮った。京撮は時代劇役者ばかりだったから誰もが馬には乗れる。クスクス笑いの中、南は一所懸命馬に乗っている芝居をしていた。

二人が泊っていたのは金太旅館、ちゃちな造りの旅館だった。撮影所が出す宿泊費が安いから仕方がない。

部屋は立ち上がると頭がつかえてしまう中二階だった。薄暗い部屋の中ではわからなかったが、旅館の丹前を着たまま外に出ると太陽の下で丹前にツギがあたっているのが判った。

夜、二人で酒を飲もうとしたが旅館の酒はやたらに高い。高いから酒を飲まないと思われるのもみっともないと見栄を張った。

近所の酒屋で澤之鶴の二級を二本買って「由利徹様。ファンより」と書いてもらい、宿に戻る。

「弱っちゃった。ファンの人、これくれて」

南がマーケットで目刺しとお新香を買ってきた。そこで二人で火鉢を囲んで、旅館で借りた薬缶に酒を入れて熱燗にし目刺しを焼いて肴にした。朝近くまで飲み続けた。残った目刺しとお新香は新聞紙に包んで押し入れの布団の一番下に入れておいた。

帰ってくると布団が敷いてあって目刺しとお新香の新聞紙が床の間に飾ってあった。

お笑い三人組が主演の東宝『大笑い捕り物帖』の撮影を終えて帰ろうと門のところに来ると近江俊郎が待ち構えていた。近江は新東宝社長の大蔵貢の弟で、戦前歌手兼作曲家でデビューしたがその後役者も始めて、昭和三十年以降は映画監督として十数本の喜劇映画を撮っている。

「由利ちゃん、税金なし！　税金なし！　台本なし！」

テレビのギャラの倍ほどの現金をチラチラさせて由利を誘う。

そのまま出演を引き受けたのが、高島忠夫主演の『坊ちゃんの野球王』だ。九本目の映画出演だったが、後にも先にもこんな型破りな映画監督は初めてだった。

「ヨーイ、スタート、カット」で撮り終えたシーンだがカメラ位置を見るとどう考えてもマイクの影が入っている。

「監督、マイクの影が入っちゃってますよ」

「見えてません、見えてません。お客さんには見えません」

数か月後、その近江監督が新東宝で『新日本珍道中』を撮ることになった。

初日からして楽な撮影だった。待遇も今までなかったほどよかった。すぐに昼飯になると食事がまたよかった。ロケに行って撮影再開になったかと思うと、数カット撮って、

「はい、今日はこれで終わります」

まだ日がカンカン照っている。時計を見ると三時だ。こんな楽なロケは初めてだった。

撮影中に大蔵貢社長が来ると、撮影中止になる。脱線トリオの三人は並んで社長に挨拶をするように監督に言われる。挨拶を済ませて帰り支度をして出てくると、門のところに社長の車を先頭に数台のハイヤーが停まっている。監督が、

「じゃあ行きましょうか」

そのまま食事に連れて行かれた。呑気なものだった。

三十三年の『新日本珍道中』は「西日本の巻」と「東日本の巻」の二本を同時に撮った。曲野宇平監督が「西」を、近江監督が由利主演の「東」を担当した。

由利が由比監督役で坊屋三郎が助監督役、高島忠夫が俳優役で東日本の各所をロケするという設定だった。

実質主演である由利は二役で新東洋映画大和巌社長の役もやった。冒頭で、新東宝の第一撮影所に本物の俳優と社員を集めて社長役の由利が挨拶の演説をする。大蔵社長を気取ってズーズー弁で言いたい放題のことを言った。台本なんかない全部由利のアドリブだった。

この大和社長が西日本班と東日本班にどっちがいい映画を作れるかを競わせるというのが大まかなストーリーだ。

社長の演説が終わると、場面がポーンと変わって由比監督が女性とチュッチュチュッチュとキスをしているシーンになる。

映画は大ヒットした。朝日新聞で映画評論家が大絶賛した。由利も新東宝に言われて何社かの新聞社に挨拶回りをさせられた。

大蔵社長に近江監督と銀座の中華料理店に由利だけ呼ばれた。

「由利くん、今度は良かった、ありがとう。これ取っときなさい」

封筒を渡された。咄嗟に近江監督を見た。

「取っときなさい、取っときなさい」

その後は相当飲んだが全く酔わない。

途中で席を立ってトイレに行った。もちろん、封筒の中身を確かめるためだ。二十万円入っていた。

驚いた。

すぐ席に戻って、

「すいません。実は新宿で親戚が待ってますんで」

「由利くん、何にも食べていないじゃないか」

「ええ、向こうで一緒に食べることになってます」

嬉しくて嬉しくて足が地につかない状態だった。

この映画のせいもあって由利の「チンチロリンのカックン」が大流行した。

これはもともと『お昼の演芸』で偶然出た。アメリカ映画によく出てくる落ち音「タンタカタッタッタンタン」の前半部を「チンチロリンの」にした。残るカックンは「ツッタンタン」部分だが、ここを短くしてコケ音にした。バーでいい女と飲んでいるところに来た知り合いに「おい、昨日は別の女のところにいたろ」と言われて、カウンターに乗せた肘をガクッと落して「カックン」。この二つを合わせて「チンチロリンのカックン」。

最初にこのフレーズが出たのは、八波の強烈な突っ込みに棒立ちになって苦し紛れになった時だった。

実はその前に由利のフレーズで流行ったものがあった。

「どーしてそうなのョ」

普段普通に使う言葉にアクセントをつけた。流行ったなと確信したのは、初めての店に入った途端に店の人に、

「どーしてそうなのョ」

と言われた時だ。

「西」と「東」の二本の『新日本珍道中』の間に、初めての脱線トリオ主演映画『脱線三銃士』（千葉胤文監督）がある。タクシーの運転手八波、ペンキ屋の看板書きの由利、サンドイッチマンの南のトリオが常盤食堂のお咲ちゃんにゾッコン惚れていたという他愛ないストーリーの四十四分の映画だった。

8

初主演といえる映画で当たったこの年、松竹歌劇団（ＳＫＤ）で草笛光子と同期だった奥田秀子と結婚した。初めての日劇出演の時に金を借りたのが秀子だ。彼女に会った最初の頃、由利は金があるようなことばかり言っていた。

「子供の頃ね、家の帳場の上の欄干から、紙切り虫を糸でつないでさ、下にある銭箱から金を盗んだりね、悪がきでねえ」

「いいとこのお坊ちゃまだったのね」

「そうかもしれないね」

うちには帳場なんかなかった。従姉の嫁ぎ先の「曙」という料理屋の銭箱から金をくすねた話を自分の家の話にしただけだった。

お坊ちゃまだったと偽って結婚したわけではない。お坊ちゃまでもなくお金も全くないのに言ってみたのだ。

「よかったら、結婚前提の付き合いにしないか」

秀子がほほ笑んだのをいいことに、それから毎晩、秀子の家に行き彼女のベッドにもぐりこんだ。

昼間になると秀子に小遣いをもらい、秀子の大島を着て蒲田の映画館に行き古い映画を何本か見て帰ってくる。

さすがに相手も黙ってはいない。

「あんたいい加減にしてね。あたしの着物着て映画見て来るなんて。そんな身分じゃないでしょう！」

それから部屋代を払って秀子の家の一階に飯付きで下宿する形にした。

それまでねぐらは転々としていた。八波の夫婦と三人暮らしも長かった。今度は長続きしないだろう。

それならばと思って相変わらず夜は秀子のベッドにもぐり込んだ。

「もう我慢できないわ！　結婚前提って結婚するんだかしないんだかはっきりしてね！」

実はできちゃった婚だった。養子になることで結婚が成立した。本名佐々木清治はその日から奥田清治になった。そして妻の実家に住むことになる。

『お昼の演芸』も二年を過ぎ、よみうりホールはいつも入れない客が出るほど満杯になった。相変わらず作家が書いた台本が渡された。だが、作家の書くコントは相変わらずつまらなかった。十五分のこうした出し物はストリップ劇場やバーレスク劇場の経験者にかなう者はいなかった。由利や八波の書くコントは面白かったし、八波のひらめきに由利が驚くこともあった。

作家とディレクターが台本を持ってくる。由利と八波がパラパラっと流し読みする。二人ともすぐ、これは受けないと思う。

「ほら、あれやろうよ、八波ちゃんが泥棒でさ、俺、モク拾いで……」

「あれね、あれ面白い！」

台本を書いた作家がその場にいる。八波が渡された台本を手に、

「じゃあね、これ来週廻しにしよう」

生放送で一発勝負だから、三人の馴れたものの方がいいに決まっている。

リーダー格の八波が、ギャラの値上げ交渉や台本チェックまですべて一人でやった。

事務所が別だったこともあって、やがて三人ともバラバラにホールに現れ、バラバラに打合せをして、バラバラに帰るようになった。

現れる時間は十時十五分と決めてあったが、三年目ともなると毎週十二時十分頃に来る。ゲストは二時間前から来ているが主役の三人がこれでは打合せなどできない。ＡＤがホールのある八階のエレベーター前で待っている。飛び込みで来た三人が揃うと、セットを見て由利と八波が相談して何をやるか決める。ほとんどぶっつけ本番だ。

ＮＨＫ火曜日の夜七時半に始まる、仙台の公開放送『ジェスチャー』の後で飲み過ぎて水曜日の本番

ギリギリによみうりホールに到着したことがある。

『ジェスチャー』は昭和二十八年の開局から十五年続いた人気番組だ。柳家金語楼率いる白組男性軍と水の江瀧子率いる紅組女性軍に分かれ、視聴者が応募してきた問題をジェスチャーで見せて制限時間内に自軍に解答させる。由利が出演した時のこの番組の司会者は小川宏アナだった。

前日の月曜に仙台に到着してそのまま、自民党代議士の愛知揆一宅に向かった。俳優座出身の役者田浦正巳らの出演者の中に、愛知と同郷の仙台で育った知り合いの役者がいたのだ。

既に番組出演者の丹下キヨ子や清川虹子等が飲んでいて、由利たちも早速仲間に加わった。愛知代議士は不在だったが、朝の四時までどんちゃん騒ぎだ。

翌日の番組終了後も愛知宅を訪れまたベロベロになるまで飲んだ。気が付くと朝の十時半。『お昼の演芸』の出番までは二時間しかない。すぐに空港に行き、無理に乗せてもらった飛行機が羽田に着いたのが十一時四十五分。

よみうりホールに着いたときには当然番組は始まっていて出番ギリギリだ。台本なんか読んでいる暇はない。いつもかぶっている禿ヅラを乗せて髭をつけ、ステージに出た。

映画出演は昭和三十二年に五本、三十三年に十八本、三十四年には十九本になった。『カックン超特急』

は「カックン」人気を受けて、新東宝が企画制作した本格的由利徹主演映画だ。監督は近江敏郎。近江が作曲した『カックン・ルンバ』という主題歌まであった。

運転手が由利で、その助手が南。由利が白いつなぎを着て、南に運転させて車を誘導する。

「バック、バック、バック、オーライ」

と言っているとそのまま由利が轢かれてしまう。漫画映画のようにペタンコになった白い大きな服と由利の大きな顔を抱いて南が、「兄貴ィ」と泣く。慌てて空気入れで空気を入れる。由利がフワフワッと大きくなる。由利が出したギャグが実現した。

続いて同じ監督で『ワンマン今昔物語』。由利は平清盛を彷彿させる坊主の役だ。妻役が池内淳子だった。

ギャグ映画の伝説的監督の斎藤寅次郎とは『カックン超特急』の直前の、東宝『勢ぞろい江戸っ子長屋』で初めて会った。

鶏小屋に三人で逃げ込むと三人が大きな卵になってゴロンゴロンと出てくる。卵が割れると由利たちが三羽の鶏になって飛びだす。

由利も解釈に苦しんだギャグだった。

「自動洗濯機」というギャグもあった。人間ごと洗濯機に入れて出てくると服もきれいになり髪の毛もきちんとしている。

こうしたギャグは上映当時、思いのほか客に受けなかったが、同じようなギャグをそれから二十年後にドリフターズがやった時には当たり前のようにテレビの視聴者を沸かせた。

三十四年四月、脱線トリオとして初めて新宿コマ劇場に出演した。「コマ喜劇まつり」で『花束とステッキ』『おトラさん乗り出すの巻』『花祭り消防三代』の三本立てだった。

続く八月、脱線トリオが初の座長を務めた『大学の脱線トリオ』（作演出淀橋太郎・安永貞利）が公演された。初座長ではあったが八波も由利も座長という自覚はなかった。

もう一本が菊田一夫の作・演出の『この墓を暴露（あば）け！』だった。八波も由利も菊田演出の方に力が入っていた。菊田とは帝劇以来だったが、あの時はほとんど接触がなかった。だが、菊田はギャグをやって見せると

「それ、いい、それいい」

と喜んでくれる。怖い怖いと言われていたが、八波はもとより由利の芝居を怒るとか注意することもなかった。どうやら最初から八波同様気に入られていたらしい。

芝居が終わってからディスカッションをするのはテレビと同じだった。だがいつもは、

「お前、あすこんとこは俺の芝居なんだから声出さないでくれ」

三人共俺が俺がと自分のことばっかり考えていて、脇のことなどは全く考えていなかった。

だが、今回は違った。天下の菊田一夫の演出となると、初めてみんなで一緒に芝居を作るんだという自覚が生まれてきた。皆と一緒に作ることが脱線トリオのためになるんだ。

それでも楽屋で文芸部の連中にあれこれ注文を付ける。

「三人が花道から出てくると、一人が必ず客に背中を見せることになるから、止めようよ。袖から出ようよ」

南はすぐ賛成した。

そこへ八波が楽屋の暖簾越しに顔を出して、

「そんなことないよ。勝手にひとりで話しを進めるなよ」

と割り込んで来る。

この舞台で受けたのは由利と八波が柔道の選手権試合をする場面だった。

八波を舞台袖の中に投げて、そのまま袖にハケる。それから袖中にあった八波の人形を出して組みながら出てきて、人形の手を持ってグルグル回して投げたり、指をかじったり、噛み切ったりする。その度に袖中で八波が悲鳴を上げる。人形の中身は藁と綿だから、やっているうちに中身が出てくる。すか

さず由利が、

〽わーらにまみれてよ
と三橋美智也の『達者でナ』を歌う。そのうち抑え込まれた人形が挽回してくる。今度は人形に由利が投げられる形で人形と袖に入る。すると八波が由利の人形を持って袖から出てくる。そして人形の首を肩のところにめり込ませてしまう。

連日の大入りで三人共トリオの絶頂を自覚した。同時にちやほやしてくれるようになった劇場や他局のテレビに比べ、デビューした日本テレビの『お昼の演芸』のスタッフは厳しいままだ。十五分くらいだから適当にやっちゃえみたいなことが前よりは増えた。

番組当初、エレベーター前で待っていたADは今や立派なディレクターになっている増田善次郎だ。

「ちゃんとやれよ」

その口から思わず本音が出た。

八波がカチンときた。

「なんてった？」

「ちゃんとやってくださいって言ったんだよ」

「なんだ、その口の利き方は！」

「どういやあいいんだよ」

「てめえら脱線トリオは俺たちが作ったってあっちこっちで言ってんだろ！　冗談じゃねえぞ」

南がおろおろしている。もう少しやらそうかと思ったがそこで八波を止めた。出演者とスタッフの中がギクシャクし出したら、番組の終焉が見えたようなものだ。


昭和三十五年は四月十月と脱線トリオはコマに出た。十月公演はコマ爆笑ミュージカル『灰神楽の三太郎』だ。残念ながら映画の三太郎役で当てた三木のり平は出ていない。

公演が後三日で終わる日の昼の部と夜の部の間にポーカーをするのでメンバーを集めたが、いつものメンバーの一人が来ない。

「誰かいないか、ポーカーの好きな奴」

「とん平は？」

あの野郎か。左とん平は今回がコマ劇場初出演だった。脱線トリオとも初めてだった。いきなり、由利ちゃん、八波ちゃん、南ちゃんと親しげに呼ばれた。八波が自分の楽屋に連れてきて説教した。

「お前、先輩に向かってちゃん付けはないだろう」

「いけませんか」

「いけないよ」

「いや、コメディアンはお互いちゃん付けで呼ぶもんだって教わったから」

「馬鹿野郎、だからってておめえに、八波ちゃん呼ばわりされるこたア許せねえんだよ！」

以来、とん平のちゃん付けはなくなった。由利はこの話を聞いて笑い転げたことがあった。

「よし、とん平連れてこい」

始まって三〇分ほどでとん平の一人勝ちになっていた。

そこへ来たコマのプロデューサーが来た。

「ちょっといい？」

相手の顔も見ないで、

「博打禁止ですか？」

「そんなんじゃないんだ。あのさ、由利さんの下ネタがどうもひっかかるんで……」

あそこだな、あの台詞だ──「男が水飲んだ後どこから出る？　それと女のあそこがつながったらどうなる？」──

「わかりました」

翌日とその翌日の公演ではその部分を抜いた。そこを入れなくても客は笑った。でも、由利徹だからこの辺で助平なことを言ってくれるんじゃないかと期待している客もいる。そう確信していたので楽日には元に戻した。

俺は確かに助平だ。俺の芝居も助平だろう。何をやっても助平だとか下品だとか言われる。それは今まで自分の生きてきたものを背負っているから当然だ。由利は助平を自負していた。

9

暮に東京宝塚劇場で大当たりした『雲の上団五郎一座』で三木のり平とコンビを組んだ八波がさらに売れ出し多忙になった。

水曜の生本番前、八波から言われた。

「俺、東宝でズーッと出てくれって言われてんだよ」

東宝専属になったらますますトリオでの出演機会は少なくなる。

由利は平気な顔をしてみせた。八波がトリオを続けていけないという意味で言ったのじゃなかったことはわかっていたから、解散話になることはなかった。

だがこの頃から週刊誌では「脱線トリオ解散か!?」という記事が出るようになった。

八波が水曜昼の生番組に出演できないことが増え、ピンチヒッターに佐山俊二が入ることが多くなった。

映画出演も年二十一本になった三十五年、初めて日活映画から出演依頼が来た。最初の作品は春原正久監督の『この髭百万ドル』。

春原監督もやり易かった。

「ヨォーイ」

の声をかけてからこっちを見て、

「……行くかい？　いいのかい？　行くよ。ヨォーイ」

そこで、

「待ってください」

「なに？　なんかいいネタあるかい？」

「こうしたらどうでしょうか？」

ギャグのアイデアを言う。

「それ、面白いか？」

「面白いと思います」

「なら、それでいいだろう」

春原付きのカメラマンとも仕事がし易かった。ギャグが判っているから撮り方が間違っていなかった。

以来、春原組に結構出ている。大抵が禿ヅラをつけた社長役だった。


翌三十六年は映画出演が二十五本、前年同様これだけ映画出演が多くなると舞台に出る時間がない。

それでも三月に脱線トリオの舞台をコマ劇場でやった。

忍術ミュージカル『真田十勇士』二幕十場だ。由利が妖婆、南が猿飛佐助、八波が徳川忍者の伝九郎。

由利はコマの高い天井から出てゴンドラに乗って降りて来る。わざと足を踏み外して落ちそうになる度にドッと客席が湧くのがたまらなかった。

五月、脱線トリオは『お昼の演芸』を降板した。

そして九月の新宿コマ劇場の『脱線物語』。

これは作・難破船人となっているが、八波むと志の作家としての名前だ。三人が持ち寄ったコントを八波がまとめた。

「俺さ、この名前、作家協会に届けてあるんだ」

いつものハッタリだと思って気にしなかった。

中身は三人個人個人の生い立ちを芝居仕立てにしたものだ。

徹夜稽古の日に照明部の男が、セリから落っこって脳天陥没で亡くなった。葬式帰りの嫌な初日になった。

由利徹の登場場面になった。ムーランの南啓二が新宿西口から東口へのガードを潜るとスポットひとつになる。いきなりセリが下がっていく。

「おい、下げんな！　下げんなよ！　灯り消すな！」

灯りはずーっと絞って行って消えてしまう。暗転の中、

「なんで消すんだよ！」

これは大入りの客に受けた。

「団体を一つも取らないでここを一ヵ月満杯にしたのは脱線だけだ」

後年、コマに出る度にそう思った。

これを最後にこの年の暮れ、脱線トリオは正式に解散した。

日劇の脱線トリオの五周年記念作品『脱線物語』の初日だった。

朝、家にいた時、母親が危篤だという電報が来た。

初日の一回目から大盛況だった。客がワンワン喜んでいる。ふと袖を見ると、付人が手でバッテン印をしている。なにかなあ？　何がダメなんだ？　判らないでいると今度は親指を突き出して、これがダメだという仕草をしている。そうか。おふくろが死んだか。

全部の公演が終わって乾杯も済んだ。少し早めだとは思ったが、席を離れて一人でタクシーに乗った。

「運ちゃん、神宮外苑を何回か回って頂戴」

とにかく一人になりたかった。辛かった。喜劇役者は辛いなァと思った。おふくろが死んだって聞いても、舞台の上じゃあ客を笑わせてなきゃならない。外苑を何回か回る内に、

「ガクッと来ちゃあいけない。こういうときでも客を笑わせるのが喜劇役者の宿命なんだから。この道を選んだ限りガクッと来ちゃあいけないんだ」

と思うようになった。

この頃から、色紙にサインを頼まれるとこう書き添えるようになった。

「子供の涙は虹の色　喜劇役者の涙は血の色」

『脱線物語』は脱線トリオの五周年記念作品のつもりだったが、結果的に解散公演のようになってしまっ

た。

喧嘩別れでもないし仲が悪かったわけでもない。八波と由利・南の事務所が違ったことが一番大きな原因だろう。

八波が、『雲の上団五郎一座』の前後で東京宝塚劇場の常連になり菊田一夫演出の芝居には欠かせない喜劇役者になったとき、正直由利は面白くなかった。東宝は第一演劇部が東京宝塚劇場の菊田一夫の舞台を、第二演劇部が由利の出演も多かった日劇中心に活動していた。その違いは大きかった。

八波は同じ中川事務所の三木のり平に可愛がられコンビを組んでも評判がいいが、方波見事務所のトニー谷と由利徹は仲が悪かった。

八波の事務所に行けば第一演劇部がやる舞台に出られる。八波に「おいでよ」と言われたら行ってしまうかもしれない。近いうちにバミさんに「勘弁してくれよな。俺、勝負かけたいんだ」というつもりだった。いつまでも小さい殻の中に居たくなかった。八波に頼んでみようかとも思っていた。

そんな時、南に言われた。

「あのさ、俺、八波ちゃんの事務所へ行く」

この野郎、裏切りやがって。後にも先にも南に腹を立てたのはこの時だけだ。

数日後、南が方波見社長と由利を銀座の料亭に呼んだ。

「俺、来週から行こうと思うんだけども、バミさん、由利さん、どうですか？」

すぐに答えた。

「いいよ、行っといで」

内心腹立たしくて仕方がなかった。俺だって八波のところに行きたいよ。だけどさ、いくらなんだって由利まで中川事務所に行くわけにはいかないだろう。バミさんを置いていくわけにはいかないよ。だがここで負けちゃいけないという思いが大きくなった。

南と別れて社長と二人で飲んだ。

「由利さん一人で大丈夫。佐山さんも来てくれるみたいだしね」

方波見はムーランから由利に注目していた。浅草花月も帝劇も見ていたし、新宿セントラル、横浜セントラルに来たときは、必ず土産を持って由利の楽屋に来ていた。そんな方波見を知っていたから、口には出さないが感謝の気持ちはあった。

「八波さんの代わりに佐山さんが入るんだから、名前、新脱線トリオにしますか」

「年取ったのが加わった新もないでしょう」

脱線トリオのままでいいよ。いいけど、あの迫力はもう出ないな。八波のあの強烈な突っ込みがあったからこそ由利のボケが生きたのだ。佐山ちゃんじゃ突っ込むのは俺だしな。

方波見と話しながら、どんどん心細くなり寂しくてたまらない気がした。

由利も南も佐山も単独の仕事がぐっと増えたが、佐山俊二になった脱線トリオも従来通りの活動を続けていた。

八波とは解散後もよく飲んだ。解散前より回数は増えたかもしれない。酔うと八波は必ず言った。

「由利ちゃん、そのうち三人で芝居やるようにしようよ。年に二回か三回」

だが解散後、共演舞台は実現しなかった。

10

昭和三十七年六月に朝日放送で始まった『てなもんや三度笠』に南は鼠小僧次郎吉役で準レギュラーになった。名古屋弁で南が初めてブレイクした。同じ名古屋弁のボンカレーのCMも大当たりした。

八波は菊田一夫に見込まれ翻訳ミュージカルに出演するまでになった。昭和三十八年九月、東京宝塚劇場公演『マイ・フェア・レディ』だ。江利チエミ演じる主役のイライザの父親ドゥーリットル役で「運が良けりゃ」「教会に行こう」の二曲を歌い軽いダンスもした。評判がよく、公演中に翌年一月の再演が決まった。

もちろんこの舞台も『団五郎』も見ていない。脱線トリオ結成以来、八波が単独で出演する舞台は一本も見ていなかった。他人のやっている芝居を見るのが好きじゃなかった。あの役者は凄いから見ておけと言われても、自分のキャラクターと全く違ったキャラクターの役者がやる芝居を見ても勉強にならないと思っていた。でも時々、見ないのは誉められた役者に対する焼き餅なんじゃないかと思った。それから焼き餅でもいいじゃないか、そいつを越えりゃあいいんだからと自分に言い聞かせた。

映画出演の方は三十六年に新東宝が倒産したこともあって、三十七年から映画出演数が減った。それでも年間十数本はあった。

東映出演は三十七年からで、石井輝男監督で高倉健主演の『恋と太陽とギャング』。由利徹を東映やくざ映画に欠かせない笑いのキャラクターにしたのは石井監督で、四〇年に始まった『網走番外地』の二作目以降、由利は石井・高倉作品の殆どの作品に出演するようになった。東映映画出演は三十八年から増え、年間二十五本に出演した四五年にはそのうちの十七本が東映だった。

昭和三十九年一月四日未明、再演中の『マイ・フェア・レディ』に出演中のことだった。八波自らが運転する車が千代田区の都電の安全地帯に激突した。

意識不明のまま御茶ノ水の日大附属病院に運ばれた。

八波の事故を知った時、由利は北海道にいた。

地方公演の旅先のテレビで「八波むと志自動車事故で入院！」というテロップを見て動転した。「助かりますように」と何度も言って拝んだ。

すぐにでも帰りたいが契約があるから帰れない。

五日の日から舞台に出ていても楽屋に居ても食事をしていても、ホテルの部屋に戻っても八波のことばかり考えていた。誰もいないところだと「助かりますように」と拝んだ。

八日の夜だった。ホテルの部屋で眠れないのでテレビが終わるまで見ていた。部屋の長椅子で見ていたテレビも終わり、ベッドの下にスリッパを脱いで毛布にもぐりこんだ。明日でも八波が元気になったって知らせが来たらいいなと思いながら眠りについた。

夜中にヒュッと目が覚めた。それから夢うつつになった。鍵を閉めたはずの部屋のドアがカチャッと音を立てた。ドアを見るとひとりでにギーッと風もないのに開いた。

後で考えると開いたのを見たのではなくて夢だったのかもしれない。それからベッドの下で脱いだスリッパがスタ、スタッと歩いて行く音が聞こえた。そしてまたドアはギーッと音を立てて閉まった。

目が覚めると、部屋のドアが六センチほど空いたままになっていた。締めたはずなのに気持ち悪い。

鳴った電話で目が覚めた。フロントから「東京から電話だから事務所に来てくれ」と言われた。いやな予感がした。

八波が亡くなった。

八波は入院して五日後に意識も戻らないまま死去した。まだ三十七歳の若さだった。同乗していたバーの女性も亡くなったが、彼女は八波の知り合い男性の相手で八波は彼女を男性の下《もと》に送る途中だった。

その電話を借りて興行主に電話した。

「友人が亡くなったんで、今日帰してくれませんか」

駄目だった。興行はあと一日だった。それから新聞社や週刊誌から立て続けに電話がかかってきた。

舞台の前に町の東宝系の映画館に行った。八波の映っているスチールをもらおう。

八波の死をまだ知らない映画館の人は親切に探してくれた。そして一枚の写真を持って来てくれた。

写真の八波はアロハを着ていた。目の前にあるてんこ盛りの飯を見て両手を合わせている写真だった。

八波の奴、手を合わせてやがる。一瞬びっくりした。何かの因縁だろうか。

ホテルへの帰り道、なんだか情けない気持ちになった。八波がいない。それでもまだ涙は出なかった。

翌日、羽田から蒲田の八波の家に直行した。

通夜だった。家に入ると南がワンワン泣く声が聞こえてきた。俺まで泣いたらまずいよ。絶対泣くまいと思った。祭壇の前に座った。微笑んでいる八波の写真の前にブランデーの瓶とブランデーを注いだグラスがあった。そのブランデーを一気に空けた。そして空いたグラスにブランデーをどっと注いだ。

「たっぷり飲め、飲めよ、飲めよ……いいか、飲んだか」

そう八波に言って、自分でブランデーを飲み干した。

「いいか、今度は、お前」

空いたグラスにブランデーを注いでいると、もう駄目になった。涙が止まらなくなった。八波の写真がうるんで見えた。

声に出さないで八波に言った。

「ずいぶん喧嘩したなあ……殴り合ったり」

八波とのいろいろな思い出がいっぺんに押し寄せてきた。

「八波ちゃん、俺はもてるって言ってたけど俺にはかなわなかったよな。お前は女には一途過ぎるんだよ。好きんなると競馬馬の遮眼鏡だよ。相手がどう思おうとその女一人に突っ走っちゃうんだ。そうそう、八波ちゃん、朝丘雪路にマイったことがあったな。雪会ちゃんがニューラランクオーターに出ていたとき、毎晩通ってたよな。終わって楽屋に行って雪会ちゃんに『じゃ外で待ってて』って言われてさ、新調のトレンチ着て—あの日は大雨だよ。びしょびしょンなって待ってたよな」

涙がとめどなく溢れた。

「八波ちゃん、俺はお前が大好きだよ」

花形の時代

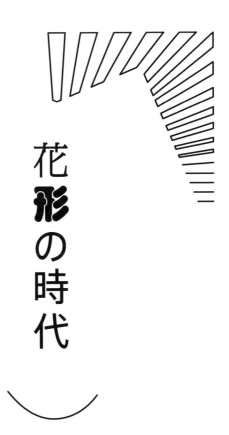

1

森川信を浅草で見たのは、ムーランの解散が決まった頃だ。八波むと志がいた頃の森川信一座はもう解散していたが八波から森川のことは年中聞かされていた。

初めて見る森川信は長靴履きのおばあちゃん役だった。姉さんかぶりで「おけさ」を踊った。面白い人がいるなァ。役者が役者を見る時の嫉妬なんて湧かなかった。二幕目は禿ヅラで登場した。シミキンに比べたらズーッと地味な役者だった。それでも上手いなァと感心した。

森川信との初共演は昭和三十七年三月、新宿コマ劇場の第四回喜劇人まつり『おばあさん売り出す』(淀橋太郎作演出)『エノケンの村井長庵』(出雲隆作・井崎博之演出)だ。それまでは二人は面識もなかった。

公演の座長はエノケンだが、『おばあさん売り出す』では実質的に森川が座長だった。稽古でも演出の淀川太郎を無視して当然のように演出した。稽古の時から森川と相性が良かった。森川も他の役者には厳しかったが、由利には優しく怒鳴ったことは一回もない。

どんどんギャグが出た。

「森川さん、こんなのどうだろう」

休憩のとき考えて、二人の若い役者とやってみたギャグを披露した。

襖の後ろに由利と女がいる。襖から女が顔と両手を出す。襖のこっちにいる男が女の手を触って、

「お姉さん、大きい手だねえ」

そのまま手を引っ張って女を抱こうとすると、手は由利の手で、男に由利が抱きかかえられる形になった。

森川が大声で笑った。このギャグは採用だなと次のギャグを提案した。

「森川さん、ここに入って来るとき襖開けるんじゃなくて、外して出てくるのはどうでしょう」

「あ、そうしてくれよ、それがいいよ」

森川が
三場の芝居が気に入らなくて、

「もう一回返そう（頭からやろう）」

やってみて、

「うーん、よくないなぁ。返そう」

数回、三場を返した。脚本演出の淀橋太郎が演出席を立ち森川の側に来た。

「モッちゃん、モッちゃん、この辺でいいじゃないか。返さなくてもーホラ、あそこ行こう、あそこ。

飲みに」

森川はニコリともせずに、

「もう一回返して、問題なければ稽古取る（終わる）よ」

これではどっちが演出だか判らない。

確かにマゲ物ナンセンスの決め事は役者の方がよく知っている。現代物と違ってゴマカシも利く。それだけに演出家は役者に任せた方がスムーズにいく。

淀川と二人で行った近所の飲み屋で由利は愚痴を聞いてやった。

「由利ちゃん、これじゃどっちが演出だかわからないよ。な、そうだろ？」

「任しちゃいなよ、ヨドさん」

戸惑った顔の淀川を見て苦笑した。

森川自身出演もしている場合は、役者としては抑えた芝居をする。由利から見ると、今まで観てきた喜劇役者の中で芝居にかけては森川がいちばんだと思った。

この年、エノケンの脱疽が再発して舞台出演できなくなって、翌年の納涼コマ喜劇からコマ喜劇の座長は森川信になる。花形はもちろん由利徹である。

そしてこの形はその後の九年間、森川が亡くなる四十六年暮まで続くことになる。

森川と三木のり平と三人でテレビに出た時だ。三人が無人島に漂着したという設定のコントをした。お互いがお互いの吹かせっこになった。

のり平が沖の方を―望遠鏡で見ている。森川が、

「おい、三木、なんか沖の方で見えんか」

のり平が由利を呼ぶ。呼ばれた由利は胸毛にテグスをつけて。そこの飯盒や釜をぶら下げて出てきた。

森川は切り出しの岩に隠れて笑った。

「腹減ったなァ。食べる物なんかないかなァ」

と言った森川とのり平の前で由利はかかとの皮をむいて喰ってしまった。

唖然とする二人の耳もとで、

「乾燥芋」

二人は見事に吹いた。

2

由利には弟子が多い。「どいつも馬鹿ばっかりだ」といつも言っているが、どんな弟子でもやはりか

わいいし気になる。

弟子ではなくただファンだったチャー坊という男がいた。千葉の船橋の酒屋の小僧で、昔から由利のファンだ。週に一度か二度、五十CCの単車でコーラだったりウイスキーをだったりを持って来てくれる。金の方はどうなってるんだろうと思うと、そのうち通い帳を持って来た。

「注文あったら書いて貰えって、店の親爺に言われました」

それから二、三年。気が付くとチャー坊は由利のうちに頻繁に出入りするようになっていた。地方に連れて行って舞台に出してやったが、喜ぶ様子もなかった。もともと弟子になって役者になるなんて気はない男だ。

店が終わると夜行で旅先にまで来る。大阪まで来る時はいちばん安い夜行を利用した。家で麻雀をしながらジンをストレートで飲んでいた。

それを見たチャー坊、

「先生、ジンなんかストレートでやってると胃をやられちゃいますよ。レモンでも入れた方がいいんじゃないすか」

こいつ、俺の体を心配しやがって。かわいい奴だと思いながら、

「そんなこと言ったってレモンなんかないじゃないか。ちょっと冷蔵庫覗いてみな。レモンがあるかも

しれない」

チャー坊が冷蔵庫を覗いてきた。

「レモンはないから、わたし買ってきます」

しばらくして、

「買って来ました」

「そうか、じゃあ俺のグラスにちょっと入れて来てくれ」

グラスを台所に持って行って、それからまた持ってきた。

見るとレモンの切れ端がない。その代りあぶくが浮いている。一口、口に含んだらレモンの香りはするが苦みがする。

「お前、何買って来たんだ」

「あの、液体になったレモン」

ああポッカレモンを買ってきたんだな。それにしては味がおかしい。

「こんな味したかなァ。ちょっと買った瓶持ってきな」

「変ですか。そんなはずないと思うけど」

チャー坊が台所からすぐ持ってきた。

「あの、これですけど。大きい方が安かったし、お徳用だと思って買ってきたんですけど」

チャー坊が持っていたのはポッカレモンでなくママレモンだった。

チャー坊は船橋の安アパートに住んでいた。台風の時、買ったばかりのテレビが雨漏りで滅茶苦茶になってしまったことがある。それ以来家賃を一銭も払わないようになった。大家もそうなると、ガスも水道も電気も止めた。

「俺、平気な顔で真っ暗い中にいるんだ」

とチャー坊は得意そうな顔で言った。

「俺の部屋はさ、押し入れ開けると背の高いキノコが生えているけど、あれ喰えるかなあ」

伴淳三郎と巡業で高崎に行った時だ。土地のスポンサーに終演後、中華料理屋に誘われた。食べている途中にチャー坊から「これから行きます」という電話があった。店が終わったら船橋から単車で飛ばして来るというのだ。

「何時ごろ着くんだ」

「一時過ぎです」

その時間じゃここにもいられないし、食うものもないなと思ったから、残った料理を折にいっぱいに詰めた。

「どうすんだよ、それ」

そう伴が聞くから、

「持って帰って食べるんです」

おかずだけでご飯もないと可哀想だと思い、人目を忍んで焼き飯をトイレに持ってきた。水道水で手を濡らして赤ん坊の頭くらいでっかいお握りを五つ作った。

チャー坊は二時過ぎ単車で由利が泊まる旅館にきた。

真っ赤な顔で唇は紫色をしていた。自分の弟子でもないただのファンを風呂に入れてやり、お握りを五つ全部食べるまでチャー坊に付き合った。

チャー坊は働きもんだ。コツコツコツコツ貯めているらしい。

「先生よお、もし金に困ったら、二十万、三十万、いつでも出してやるからよお」

だからチャー坊がかわいくてたまらないのだ。

チャー坊はその後酒屋を辞めてフィリピンの女性と結婚し、物価の安い現地では金持ちの旦那さんになっているという便りが来た。

同じくしょっちゅう泊りに来る弟子に浪花節が本職のはな太郎がいた。これの鼾《いびき》が凄い。隣りの部屋で寝られると往復鼾が煩くてたまらない。この野郎と思ってトイレに行くついでにはなの顔に一発屁をかましてやった。

後年、自分の弟子を思い出してみると二十人は超えていたが、こんな弟子ばかりだった。

最初の弟子は、いつの間にかトラック十台ほど所有する墓石専門の会社をやっていて、

「先生、死んだら墓石のことはあたしに言ってください」

二番目の弟子は、後にコマのプロデューサーをしていた時期もあった。

手癖が悪いのもいたが、基本的には弟子を信用していた。弟子に印鑑と通帳を持たしていた時期もあった。通帳に記された額を見て、少なすぎるので弟子に同情されたこともある。

弟子たる者の必須条件は、自分に教わるのではなく見て覚えるのだと思っている。喜劇や芝居は、手を取って教えるものではない。観て覚えるしかない。芝居のコツとか役者の味なんてどうしたってつかめるものではない。「やるより見ろ」だ。

昭和三十四年、「弟子入りしたい」という一風変わった男が来た。

「シェンシェイの弟子にしてください。シェンシェイと同じ東北出身でしゅ」

自宅に訪ねてきたこの男が、妻の秀子に最初にそう言った。

「ちょっとお待ちください」

困ったなと思ったが一応会ってやることにした。

座敷に入ってくるなり男は、

「斎藤清作でしゅ。シェンシェイの弟子にしてください」

「いくつ？」

「十九でありましゅ」

「高校は？」

「高校は仙台育英高校ボクシング部を出ました。二年の時、県大会で優勝しました」

ボクシングで優勝した？　この男にちょっとだけ興味を持った。自分も、ムーラン時代、この男の歳にボクシング・ジムに通っていたことがある。

「それは部活動だろ。卒業は？」

「卒業して、仙台で働いたりしましたがどうしてもコメディアンになりたいので上京してシャンシェイのとこを訪ねたのでしゅ」

「あのな、コメディアンになるって言ったって簡単なことじゃないんだ」

「でもシェンシェイの弟子になればコメディアンになれましゅ」

「そんなに簡単じゃないよ」

「シェンシェイの弟子にしてください」

面倒くさいことになった。

「じゃあこうしよう。あんたがさ、ボクシングでチャンピオンになったら弟子にしてやるよ。だから今日のところは帰んなさい」

これで済んだと思っていた。

清作は、翌日から目黒にある笹塚ボクシング・ジムに入門した。

働かなければ生活もボクシングもできないから、新聞広告や電柱の張り紙で見つけたアルバイトをしながらジムに通った。

翌年九月、清作はプロデビューした。

そして三十七年暮、日本フライ級チャンピオンになった。

年が明けて翌年の正月、清作は由利の家を訪ねた。

「シェンシェイ、弟子にしてくだしゃい。ボクシングで日本チャンピオンになりました」

チャンピオンベルトを見せられた。約束は約束だ。

「よし、わかった。弟子にしよう」

それから時間があれば自宅や仕事場に来た。清作を付人のように仕事場に連れて行くこともあった。

「俺の弟子になったからと言って、ボクシングを止めちゃダメだぞ」

「はい、シェンシェイ、ボクシング、止めましぇん」

清作はチャンピオンの座を守りながら由利の弟子に徹した。髪型が河童のようだからとファンが勝手に「河童の清作」というニックネームをつけた。何回か清作の試合を見に行った。

三十九年、三十四勝（十一KO）七敗一分けの好成績だったが日本王座の三度目の防衛戦に十回判定で敗れた。

敗戦が決まったとき、清作の奴、ホッとしたろう。これで引退だ。引退したら俺の本当の弟子になってコメディアンになれるからな。

引退後、毎日のように家に通っているうち、住込みの弟子のようになってしまった。

「芸名は考えてるのか？」

「はい、近所に『たこきゅう』という飲み屋があります。それで『たこ』って名前はどうでしょう？」

「たこ？　たこの八ちゃん、たこ八郎か」

清作の芸名が決まった。

この頃のたこはパンチドランカーの症状が残り、台詞覚えは悪く、寝小便をすることがあった。よく昼間に寝小便のしみのついた布団が庭に干してある。小学校に入って間もない長男がそれを見て泣いた。

「パパ、俺がしたと思われるじゃない、裏に干してよ」

その後も、時々見るたこの寝小便の布団は、長男の頭痛の種だった。

たこを連れて新宿で飲んだ時だ。たこがすっかり酔っぱらったので、仕方がないので夜中の三時にタクシーに乗せて家に連れて帰ることにした。

「シェンシェイ、シュイマシェン」

寝惚けた声で何度も言っている。ふと気づくとこっちの尻のあたりが生暖かい。この野郎、寝小便しやがった。タクシーのシートにはビニールが掛けてあるから、浸みこまないで右カーブするとシャポンシャポン、左カーブするとシャポンシャポン。

自宅に着いたときには自分のズボンから靴までビショビショだ。

下りる時、運転手に「すいません」と料金の他に五千円渡した。

「せめて拭いてってくれませんか」

うちから雑巾を持って来てシートを拭いた。

たこを抱えて畳に寝かせた。風呂場で濡れた尻を出して水でチャッポンチャッポンと洗った。寝巻に着替えてたこの処理にかかった。ズボンを脱がしたらパンツもビショビショだ。パンツを脱がそうとしたら、たこはしっかりパンツを掴み「ダメです！」と叫んだ。そのまま寝かしておくことにした。その臭さと言ったらなかった。

その数ヶ月後、遅く帰ってくるとどこからか鼾が聞こえてくるがどこだかわからない。たこの鼾とも違う。

翌日、知らない奴に、

「おはようございます」

と声をかけられた。

「なんだ、お前！」

「たこ八郎さんの友達です。たこさんがここに戻って来るから、先に行って寝てろって言うんで寝ていました」

夕方に来て、由利の妻や祖母に見つからないように押し入れに隠れて待つうちに寝てしまったのだ。

3

森川座長・由利花形・淀橋座付作演出の森川一座は三十八年八月の納涼コマ喜劇『勢ぞろい爆笑東海

道』、翌年二月のコマ喜劇『爆笑白波五人男』、八月納涼コマ喜劇『大江戸遊侠伝』と続く。

森川座長の花形になって余裕ができたのか、以前から知っていた役者たちの意外な部分を知ることになる。

佐山俊二の楽屋に入ろうとした。ぐっと押したが開かない。鍵がかかっている。どうしたんだろうと思って、隙間から中を覗いた。すると佐山が鏡の前に座っておでこのところからカツラをつけている。佐山は由利の三つ上だが、四〇歳前から薄かった。その佐山がどこで買ったのかフサフサのカツラをつけて、鏡の前で横を向いたり斜めになったりしている。おかしくて仕方がない。戸を叩いた。佐山は慌ててカツラを外し、化粧前の引き出しの中に入れた。

「誰?」

「俺」

戸が開いた。

「寝てたの?」

「うん、ずっと寝てて由利ちゃん来たの判んなかったんだ」

見るとおでこに糊がついている。思わず由利は笑ってしまった。

「なに、笑ってんだよ」

「なにってさぁ、俺そこの隙間から見てたら、佐山ちゃん孫悟空みたいなカツラつけて」

「誰にも言わないでね」

そう言ったくせに佐山はやけくそだったのか、その日のフィナーレでフサフサのカツラをつけて出てきた。由利はわざと隣に並んで、

「佐山ちゃん、いないの」

出演者全員がフサフサ頭の佐山の方を向いて、吹きながらフィナーレの鈴を振った。佐山の頭を強調してやろうと一列に並ぶ主要役者の真ん中に連れて来た。森川座長と由利の間に挟まれた佐山は下を向いたままだった。


若水ヤエ子も森川の芝居に欠かせない女優だった。由利とはムーラン時代に『性病院』で共演したのが初めてだった。

「ヤエ子、あのこと覚えてるか?」

昼の部が終わって、夜の部までかなりの時間がある。役者に面会に来た人が待たされる待合室みたいなのが楽屋口にあったが、ここで役者が何となく集まってお茶をすすりながら馬鹿っ話をすることが多い。

「なによ」

「俺がお前と大喧嘩したの。ムーランでさ」

「忘れやしないよ。コップの水一杯で、由利ちゃん本気で怒るんだもん」

夏は暑くてもムーランにクーラーはなかった。舞台袖に氷水を入れたバケツが置かれ、舞台から降りて来ると側に置いてあるホーローのコップですくって氷水を飲む。由利が飲もうとすると、ヤエ子がコップをひったくったのだ。

「なんだ人の飲んでるの取って」

「だって順番」

「うるせえ！」

それでヤエ子を殴ったのだ。

「由利ちゃん、いきなりあたしを殴るんだもん」

「お前だって黙っていなかったじゃねえか。俺にコップ投げて来たろう。俺の胸、切れちゃった」

「そしたらあたしの髪ィ掴んで引き摺りまわしたろ」

「そこまではしないよ」

「したよ。でもあれからだね仲良くなったの」

「まあな。お前、チータカタッタ（ライン・ダンス）やってる時から子供がいたろ、いい娘だったな。どうした？」

「もう立派な大人だよ。二十歳過ぎて」

「お前、お母さんって呼ばせなかったから最初はどっかの娘を預かっているんだと思ってたんだよ。けどわかるんだよな、櫛で頭を梳いてやったりする素振りでな」

二人はニッコリ笑いあった。


大阪の喜劇役者の茶川一郎がよく参加した。森川のお婆ちゃんと茶川の若旦那とかが多かった。一度、茶川とマゲモノ喜劇でもめたことがある。由利はやくざ者の役だ。やくざ者の衣裳と言ってもそんなに種類があるわけではない。それでも綺麗なものを着たいから衣裳合わせのときに衣裳さんに、

「ちょっと衣裳あるだけ持ってこいや。選ぶから」

「あの、茶川さんのところに全部持っていってますので……そのあとで……」

「なんで茶川のとこ持ってって俺んとこ持ってこないんだよ！」

「茶川さんのとこに、六枚ほど持っていってますから、残りの……」

楽屋から衣裳さんがいる廊下まで出て行って、

「ふざけるな！　この野郎！　茶川んとこ持ってって俺んとこはその後か」

と怒鳴ったもんだから、茶川があわてて衣裳を全部抱えて廊下に出てきて、

「ごめんなさい」

こっちは衣裳を何度も替えるような役ではない、まあ二枚くらいあればそれで足りる役だ。言いだした手前引っ込みがつかない。茶川が抱えている衣裳から、

「これとこれとこれな、それとこれ！」

着る場面がないような衣裳まで選んだ。一時間ほどして冷静になって着る必要のない衣裳を持って茶川の楽屋を訪れ、

「茶川ちゃん、これいいョ」

と返しに行った。自分もちょっと突っ張り過ぎたなと反省した。茶川ともそれから親しくなった。

いつの頃からか、年に一回森川信の上野の実家に喜劇人が集まるようになった。そこで大宴会をやる。

「お疲れさま」

と席を立って先に帰った佐伯徹が、すぐ戻ってきた。

「ねえ、由利ちゃん、茶川が表で待ってんだョ。俺を殴るって」

泣き声だ。由利は佐伯を連れて玄関を出た。茶川がいる。

「なに！　よーし上等だ。茶川、何で佐伯を殴るんだ！」

「由利さん、黙って引っ込んでてください！」

「なにィ」

そこへ左とん平が出てきた。茶川に、

「ふざけやがんな、手前ェこの野郎！」

茶川も負けてはいない。

「なに！　とん平、お前にこの野郎と言われる筋合いはないぜ！」

年がら年中喧嘩をしていた。そしてまた仲良くなりまた喧嘩をした。

とん平が若殿役をやるというので白塗りにして出てきた。あの顔で白塗りになっても二枚目になる筈がないのに。見ていると本人は二枚目になった芝居をしている。笑わそうとして塗ったのでないことがわかるとなおさらおかしい。全く関係のない場面で吹いてしまった。

森川がコマ初座長になった年の十二月、由利にとって初舞台になる明治座での『頓珍版・大忠臣蔵』があった。芦屋雁之助、大村昆、佐々十郎らの大阪勢が中心の舞台で、雁之助らに会うには初めてだった。由利は大星由良之助で雁之助の浪曲に合わせた節劇をやった。

二人で勝手にいろいろ始めた。雁之助が浪花節で、

〜なにを思ったか由良之助、遥泉院に歩み寄り、右手をググググッと差し込んで……

由利が相手役の女優の懐から手を入れたところで、

「おい、なにやらせんだよ、いい加減にしろよ」

演出の花登筐《はなとばこ》が本気で怒った。

以来、飲まない雁之助と一気に親しくなった。

明治座には別の思い出がある。昭和三十九年の新国劇出演だ。

昼の部『桂三木助』では、NHKラジオの「とんち教室」の場で回答者として島田正吾の桂三木助と並んで石黒敬七役をやった。昼の部は由利の出番はその一場だけのわずか十五分ほどしかなかった。まったくふざけないでやった台本通りの芝居は、新聞の劇評で絶賛された。

3

四十一年八月の納涼コマ喜劇『爆笑江戸から東京へ〜親バカ三代記』の公演中だった。

中日を過ぎた頃、千葉信男の糖尿がひどくなっていると聞いて、柳沢真一と左とん平を誘って駒場の病院に見舞いに行った。途中おもちゃ屋で見舞い品としてクマのぬいぐるみを買った。

千葉信男はとん平と同じＮＨＫラジオ『日曜娯楽版』出身だ。その後一〇〇キロは軽く超える巨体を売り物に、映画、テレビで大活躍したコメディアンだ。

病室のドアを開けると、

「嬉しい！　由利ちゃん、真ちゃん、とんちゃん、入んなさいよ」

三人は一瞬驚いた。ベッドに寝ている千葉のお腹の部分が盛り上がっていないのだ。それほど痩せていた。ショックだった。三人共悲しくてたまらなかった。その痩せ細った体でしきりに起き上がろうとする。

「千葉ちゃん、寝てていいよ」

「大丈夫、ボク、起きられるから」

千葉を見ていると、言葉も出ない。なんか言わなくちゃいけないと思っていたら、とん平が声を出した。

「もう退院できるの？」

「んんん。もうちょっとかかるかもしれない」

そうだお見舞いがあった。由利は包み紙を開けた。

「ワー可愛いクマッ！」

みんなが黙っていると、千葉が明るい声を出した。

「クイズ！　ボク、いま何キロだ？」

「判んない。ちょっと痩せた？」

とん平が聞く。

「答え！　ボク、四〇キロ！」

百十何キロあったはずだ……。

千葉は正解を言ってから向こうを向いてしまった。向こうを向いて泣いているのだ。大きな手だったのに小さな手をゲンコツにして涙をぬぐっていた。三人とも……どうしようもなかった。

参っちゃったな。その場にいるのが辛くて辛くて……。

そこへ、看護婦が昼食を持ってきた。

「ボク、食べたくない」

「食べなきゃ駄目よ」

「うん、そこ置いといて」

看護婦は盆に乗せた昼ごはんをベッド脇のテーブルに置いて出て行った。

誰も一言も言えない……。千葉が、

「味ないの、全然。お豆腐でしょう。白身の魚でしょー全然味ないの。食べたくないの」

沈黙になると、すぐ千葉が声を出す。

「でも、ボク。大丈夫、元気」

早く病室を出たいがどうやって出ていいか判らない。千葉と一番親しい柳沢を残して帰ることにした。

「俺、仕事だから、真ちゃんいてくれる」

「そう、ぼくも由利さんと一緒なんだ」

とん平がそう言う。

「うん。ボクいる」

という柳沢を残して二人は病室を出た。コマに帰るタクシーの中で、とん平が小指を立てて行った。

「先週、千葉さんのコレ、運転手とデキちゃって出て行っちゃったって知ってます」

その三日後、訃報を聞いた。


三十八年のコマ劇場に始まった森川信座長、由利徹花形、淀橋太郎座付作家の三点セットの公演は、三十九年三本、四〇年四本、四十一年四本、四十二年三本と続いた。四十三年は九月の二週間の浅草国際の村田英雄ショーを除いて、五本の舞台が三点セットだった。

この年も辛い思いをした。八月の新宿コマの納涼コマ喜劇『爆笑大暴れ捕り物帖』の公演中に事故があった。

堺俊二は得意のおばあさん役をしていた。コマの盆の縁《ふち》が手前の舞台よりちょっと高かった。その後の改良で盆は平らになったが、この時は片っぽが上がって片っぽが下がっていた。堺は芝居の決まりのところで、この盆に足を取られて思いきり右の尻を打ってしまった。

終わって尻を見せられたら、真っ黒に内出血している。

「医者に診てもらったほうがいいんじゃないか」

森川は代役を立てるからと堺の夜の部出演を休ませることにした。

翌日、佐山と人見明と平凡太郎で楽屋麻雀をしていたときに、婆さんの恰好で堺が杖を持って入ってきた。

「由利ちゃん、足も痛めちゃってね、それをかばうんで今日から杖突いて出るから」

そう言って後ろに座った。

人見がパイパンを出した。堺が杖で由利の背中を突っついた。

「ほら、鳴かなきゃ」

手の中には既に白が暗刻であった。

「うるさいねえ！　暗刻であるから、白ポンしないでいいの！」

「そうか暗刻だったのか」

「自分の楽屋に行きなさいよ」

「行きますよ！　どうせわたしなんか麻雀知らないんだからねっ」

凡太郎と人見が堺を引きとめた。

「堺さん、冷蔵庫に梅酒があるから一杯どうです」

人見の台詞に凡太郎がつなげた。

「梅酒は、体にいいですよ」

パイを伏せて、凡太郎が立ち上がり冷蔵庫から出した梅酒を茶碗に半分程注いだ。堺はそれをキューッと飲んで、

「おいしいねー」

と舞台袖に戻った。すぐ出番だった。舞台に出て一芝居やって袖に引っ込んできた。そこでコトンと倒れた。

「堺さんが変だから次の出番の人出てください」

と舞台監督に言われて、全員パイを伏せて舞台袖に行った。堺を見ると、大道具の前で頭をぶつけた

まま鼾をかいて寝ている。そこで大騒ぎになった。そっと大道具の前に寝かせて救急車を呼んだ。芝居は続いていた。救急車の医者が来た。堺の脈を取ると、

「ダメだ、これ、こと切れたね」

医者は電話をかけに行った。由利たちは一所懸命、堺の手足をこする。こすっているそばからだんだん冷たくなってきた。ぶつけたおでこが紫色になっていた。

フィナーレになったので堺を除いた出演者全員が出て幕が閉まった。

袖に戻ると、救急隊員が酸素を持って駆け付けてきた。ダメだった。お巡りが来た。「動かしちゃいけない」と言って、堺の周りに縄を張った。お巡りが調べると
「変だぞ。右のお尻が真っ黒だ」

いずれにせよ大道具の前にいつまでも置いておくわけにはいかない。

「このままじゃあ、家族が来てもおかしいでしょう」

側にいたお巡りの一番偉そうな人に頼んだ。

「亡くなった堺俊二をコマの舞台中央に安置させてください。自分らでやりますから」

仲間でコマの心盆に堺を乗せて花を添えた。舞台監督に頼んでセリをグーンと上げてもらった。

袖のたまりに人見と凡太郎が泣きそうな顔をして立っている。

警察が出演者とスタッフに事情聴取をしている。

いつもの茶目っ気がこんな機会を逃さない。

「お前らが飲ませたあれかもしれないぞ」

二人が怒って、

「そんなことありません」

「ありませんて言ったって、それしかないじゃないか」

「凡ちゃんが冷蔵庫から出して飲ませたんじゃないか」

「人見ちゃんが、勧めたんだろ」

口喧嘩が小突き合いになった。そこにお巡りがきた。

「なにそんなところで喧嘩してるんです！」

喧嘩をしていた二人は肩を組むと、

「いやなんでもないんです」

舞台を見ると出演者とスタッフが、堺の方を向いて正座している。由利たちも加わった。

照明係が盆の上の堺にスポットライトを当てていた。

間もなく、女性の絶叫がした。

「お父さーん」

堺の奥さんと娘さんが到着したのだ。堺正章は九州の仕事で来られなかった。頭に正章の笑顔が浮かんだ。あの野郎、くやしいだろうな。堺の死には涙する暇もなかったが、正章のことを考えたら……必死に涙を堪えた。

4

四十四年は出演映画が十八本ということもあって、三点セットの舞台は二月の恒例喜劇人まつりと八月のコマ納涼特別公演の二本しかない。

翌四十五年は出演映画が二十五本にTBSの『時間ですよ』で多忙のため、舞台は三月の恒例喜劇まつりの一本。昭和四十六年コマに二月恒例喜劇人まつり、七月歌手生活十周年記念北島三郎特別公演、十二月年忘れコマ喜劇に出演している。二月七月公演とも三点セットだ。映画はやや落ち着いて十三本。テレビのレギュラーは『時間ですよ』だった。

事件は四十六年十二月二〇日、これが三点セット最後の舞台になる年忘れコマ喜劇『旅姿花の東海道』の公演期間中に起きた。

公演も半ば過ぎた頃、由利は古くからの知り合いの池尻大橋にある古畑病院の院長と三宿付近の飲み屋に入った。

院長は七十を過ぎているのに年下の由利を「先生」と呼んでいた。

「先生は笑いの文化を背負っている。さ、こちらへ」

そういいながら由利を案内する。由利の私設マネージャーみたいなことをしていた三島のケンちゃんは二人に遠慮して一人で別の席についた。

隣の席で四人が飲んでいた。中の一人の若い男が、

「なにが先生だ、このバカ！」

と聞こえるようにつぶやいた。院長が立ち上がった。

「きみたち無礼だろ、由利先生がいらしているんだ」

「なにぃ。由利先生？　なにが先生だよ、バカみたいなことやって」

後ろで仲間が止めている。

「お前、言葉が過ぎるぞ」

どうやら仲間は男の酒癖の悪さを知っているらしい。由利は気にしないで黙々と来たビールを飲んでいた。

「八波たちと組んで、バカみたいなことやって三人で笑わせてよ」

由利より年上の弟子のケンちゃんがみかねて四人の席に来た。

「お前ら、やめろ」

「ケッ弟子かお前。ろくな弟子がいないな」

ケンちゃん思わず一発殴っちゃった。殴られた男は由利のネクタイを掴んで、

「おい、お前んとこの弟子かなんか知らんけど、俺を殴ったんだぞ！　なんとかしてくれよ！」

そいつはネクタイを左手で掴んで、こっちの顔に自分の顔を寄せてきた。

もう我慢が出来ない。昔取った杵柄だ。

その顔を右手で殴った。ガラス戸が外れて倒れた。

「てめえ！」

ちょっと切れた唇を拭きながら凄んだだけでかかってこようとはしない。ママが飛んできてその場をまとめて四人を帰した。

「言っとけよ、あの野郎！」

店の外から殴った男の声が聞こえた。

院長が、

「あの連中も医者だよ。中の一人の顔は知っているよ」

その後でわかったことだが、男はその足で世田谷警察に行って、新聞社にも電話をかけていた。由利がパクられる前にもう新聞社の輪転機が回っていた。

翌朝、五時頃機嫌よく目を覚ました。

ピンポーン。

こんな朝早くに誰だろう。玄関を開けると男が四人いた。刑事だった。

「世田谷警察署なんですが、夕べの三軒茶屋の喧嘩覚えてますか? ちょっと事情をお聴きしたいんで、来てくれますか?」

そこで「冗談じゃないよ!」と言えば逮捕状が出ていた。そして手錠をかけられて警察署まで同行ということだった。素直にしていてよかった。

すでに朝刊が出ていた。

由利徹が乱暴―飲み屋で演技批評され

コメディアンの由利徹(四九)=本名・奥田清治、東京都杉並区成田一の十五の九=酒に酔って医師を数十回殴りつけ、ケガをさせたことが二十日、明るみに出た。

取調室に入れられた。

「お前、役者やってんだろ」

定年間近でネクタイもしていない刑事がそう言った。

「被害届によるとだな、仲間の医師三人と飲んでいたら、知り合いの医者が由利徹―きみだ―を連れて来た。被害者が、『由利さんの演技はかつての脱線トリオ時代の方が面白かった。もう少し頑張ってください』と批評したら、あんたと付人が殴りかかった。間違いないな」

言い返そうと思ったが止めた。

「医者を殴って二週間の怪我をさせたんだろ」

「はい」

「実際、すまないと思ってるのか！」

「申し訳ありません」

この変わり身が役者だなど漠然と考えていた。

刑事は急に優しい声になって、

「おい、脱線トリオやってんだろう。おかあちゃん、ファンなんだよ。早く出たいだろ」

なんだか向こうの台詞が妙に芝居がかってきた。こっちも芝居がかって哀れにすがるような眼をして答えた。

「はい、それはもう」

「心配すんな。出られるよ二、三日で。これだよ」

そう言って手のひらでパーを出した。不起訴ということらしい。感情を入れた芝居が過ぎたのか思わず泣いてしまった。

「全治二週間だと重症。一週間なら軽傷。ま、医者はなんとでも書けるしな。お前、これからどうする？家帰るか？　靴どうした？」

草履をはかされベルトも締めていない。

「じゃ、お前のおっかさんにでも来てもらうか。ま、一端警察に二日ほど」

腰縄で手錠をかけられて、バスに乗せられた。

「あの背の高い奴のレインコートに顔隠して乗りなさい」

表に出ると週刊誌などが来ていた。バスに乗った。バスの中には同じように手錠をかけられた男たちが何人かいた。小声でぼそぼそ隣りの奴に話しているのが聞こえた。

「お前は一週間でいいけど、俺なんか懲役だよ」

東京拘置所でバスから下された。

建物の中に入ると、由利担当の刑事が、

「只今帰ってまいりました」

と挨拶をする。

「はい、お帰んなさい」

手錠を外されて監房に入れられた。

監房の連中は由利が来ると知らされていたから、みんなから声をかけられた。

「由利さん、おめでとう！」

何も考えないでいようと思ったがいろんなことを考えている自分がいた。

拘置所の天井は高く、上の方に小さい窓がある。その窓からジングル・ベルが聞こえてくる。映画の中でなんかの役をやっているような気になった。今日から俺はクリスマスが大嫌いになるんだろうな。

芝居っぽい台詞が浮かんだ。

夜十時頃だろうか、

「二十一番！」

自分にあてがわれた番号だ。

「はい！」

「電話入ってるよ」

呼びに来た男は妙にニコニコしてこっちを見ている。普通ならそこで手錠をはめられて電話のところまで行くのだが、はめられないまま二階の刑事部屋に連れて行かれた。

男が電話機を指す。取って出た。

「はい……」

「あっ先輩、健です。高倉です。いまセットです。これからロケが始まるんですよ。エライことになりましたね。でも由利さんは偉いですよ、思い切ってやってくれた」

嬉しかった。受話器を持ったままポタポタ涙を流した。

「帰ってからの仕事は心配ないですから——三本くらい、わたしが決めてきました。ウチの連中は顔に傷入れてやってますけど、由利さんと違って根性のない奴ばっかりです」

「ありがとうございます」

やっと声が出た。

「とにかくがっくりしないでください」

刑事が健さんの声が聞きたくて受話器を耳から離して喋れという仕草をする。言う通りにしてやった。

「明日、南さんが差し入れに行きますんで」

翌日、昼過ぎに南が来たからと、また手錠なしで刑事部屋に連れて行かれた。

南が何も言わずにニッコリしながら差し入れの蓋を開けた。中にはここにいる警察官全部でも食べきれないんじゃないかと思えるほどの量の上等なサンドイッチだった。

「おい、二十一番！　飲めよ」

若い男が由利と南にコーヒーを持ってきた。自分たちもすぐに食べたくてしょうがない。

「俺、コーヒー飲みませんから」

「じゃお茶でいいか」

男がお茶を取りに部屋を出ると南がやっと声を出した。もう涙声だった。

「このサンドイッチ、健さんから預かってきた」

無精髭で犯人みたいなレインコートを着ている自分を見て南は悲しくなって泣き出した。

「なんで由利さんが」

年寄りの刑事が、

「由利さん嬉しいね。あんたのために泣いてくれるなんていないよ」

小さい声で言った。

「こいつだいたい泣き上戸でね」

そう言う自分も涙声になっていた。

夜、刑事部屋にまた呼ばれた。

「今日中に帰れそうだったんだけどさ、もう時間が時間だからもう一晩泊ってくれや」

朝になった。ベルトも小物もすっかり返してもらって警察の玄関を出た。階段に座って居眠りしている男がいる。たこだ。思わず声が詰まった。

「た・こ」

傍らにいた刑事が言った。

「たこさんですか。こうしてあんたが逮捕された日からずっと出てくるのを待っていると言って帰らないんですよ」

たこを起こした。

「あ、シェンシェイ」

「タクシー呼んでこい」

「待たしてマシュ」

5

家に帰ると昼間なのに家中煌々と明かりが付けられている。床の間に酒樽が三つ積んである。女房の秀子が畳に手をついて、

「お帰んなさい。お風呂湧いてます」

そんな女房は見たことがなかった。風呂はいつだって秀子の方が先に入っていた。

電報もたくさん来ていた。

一夜明けて東映撮影所にいる健さんに挨拶に行った。

恥ずかしいからマスクをして家を出ると傍らに車が止まった。窓が開くと貴ノ花（後の二子山親方）だった。

「由利さん、大変でしたね。これからどこへいらっしゃるんですか」

「大泉」

「途中まで送りましょう」

荻窪まで送ってもらった。

撮影所に着くと、飯を終えて休んでいたやくざの半纏を着て顔に筋を入れた連中が一斉に立って、

「お帰んなさい」

と声を揃えた。

苦笑せざるをえなかった。俺は刑務所を出所した訳じゃない。全員が全員やくざの役なのでそうなっちゃったのだ。

そこへ健さんが来た。

「由利さん、大変だったですねェ。鰻、取っときましたから食べてください」

健さんの楽屋に行くとまだ手の付けていない鰻のお重と白いご飯に肝吸いとお新香が二つずつあった。

「由利さんと一緒に食べようと思って。由利さんはぼくと同じで、ご飯に鰻乗っけたの嫌いなんですよね。それにお好み通り皮を黒焦げに焼いてもらってあります」

「ありがとうございます」

また泣きそうになった。それを察したのか健さんが話を続けた。

「仕事の方は大丈夫。決まってますから。由利さん、もう罪もなんにもないんですから、そんな罪人みたいな顔しないでください」

楽屋に入って由利の笑顔が初めて出た。

「由利さん、南さんに聞いたら薄汚れたレインコート着て、髭ボーボーだったって。南さんと体型同じでしょう？　これ着てください」

背中に健さんがコートをかけてくれた。


それからコマに顔を出した。

「由利さん、明日からまたお願いね」

支配人に笑顔で言われた。

コマ側で用意した記者会見には、三、四社しか来ていなかった。ほとんどの記者が「クリスマスツリー爆弾事件」の方に行っていた。その日、十二月二四日の朝に四谷警察署追分派出所付近にあった買い物袋に入れられた高さ五十センチほどのクリスマスツリーに偽装された時限爆弾が爆発して警察官二人と通行人七人が重軽傷を負ったのだ。

記者会見ではただ頭を下げて謝罪した。

翌日、テープで流れる由利の『小諸追分』に口を合わせて花道に出て行った。

〽小諸出てみりゃよー
客席から大きな拍手が起きた。

「由利ちゃん！　お前悪くないんだよ！　相手が悪い！」

自分の歌が流れているのに歌うことを忘れて、花道に手をついてマイクなしで言った。

「皆さん、ご迷惑をかけました」

その晩公演が終わると、下のダンスホールに集まるように言われた。美空ひばりがホールを借り切ってパーティを開いてくれたのだ。

会場に入ると、電飾で「由利さん、お帰りなさい」と書いた看板があった。入口から紫のバラが咲き乱れていた。千本以上はあるな。

思わず花代の計算をしていた。

「弟がお世話になってます」

この公演ではひばりの弟の香山武彦が出演していた。

「今度は大変でしたね」

記念にとひばりから重くて小さな箱をもらった。

「見ていいのよ。もらったらすぐ」

開けてみると金無垢のローレックスだった。

「凄いな。重いね」

「手作りなのよ」

ひばりの母親が、

「大変だったね。身に染みるよ、こっちも。何か欲しいものある？」

「とんでもない。いま、ひばりさんからいただいて……」

ここでまた由利の茶目っ気が出た。

「そうだな、じゃあおっかさんの着物が欲しい」

「あたしのこれ？」

母親は付人を呼んだ。

「おーい、楽屋から浴衣持って来てちょうだい」

まさかと思った。冗談だったのに。母親は浴衣に着替えて自分が着ていた着物と襦袢を手渡した。あとで自分が着られるように直したがその直し賃が馬鹿にならないほど高かった。

今夜は本当に俺が花形だな。ずっとそんなことを考えていた。

この公演の中日あたりから、座長の森川は由利に、

「心臓が悪いんじゃねえかと思うんだよ」

翌日から袖に森川の主治医が待機した。脈を図って心臓の注射を打った。

翌年二月に映画の撮影のない日の夕方、公演が終わるのを見計らって森川が出演している芝居の楽屋に行った。

指で盃を掴んで飲む素振りをし、

「今晩、これいかないスか?」

「いや、ちょっと……飲みたくないんだよ」

そういって箱の蓋を開けて大福を食べ始めた。酒を止めて甘いものに手を出すというのはあまりいい兆候じゃない。

三月二十六日、森川はあっけなく逝ってしまった。心臓でもなんでもなくて内臓が全部いかれていた。肝硬変だった。

葬式に行った。森川の顔を見て思いっきり泣いた。暮れから泣き癖がついちゃったなとあとで苦笑した。

弔辞を読んだ。原稿も書いてこないで話し出した。

「森川さん、本当に苦労したね。苦労したまま死なすのは本当に情けないけど、心残りだろうけど、残った連中で喜劇を何とかするように努力するからね。本当に苦労したんだから、もう心配することないから、ゆっくり休みなさい」

後で淀橋太郎に言われた。

「由利ちゃん、泣かせたよ」

喜劇役者の死は悲しい。堺俊二と森川信。いつも言い合っていた二人とも亡くなってしまった。

上がどんどんいなくなる。歌手芝居が増えて、歌手が座長と呼ばれる。歌手は花形も兼ねる。そろそろ花形も卒業だな。

自宅で一人シーバスリーガルの水割りをやりながら無性に悲しくなった。

「俺も死ぬのかなぁ」

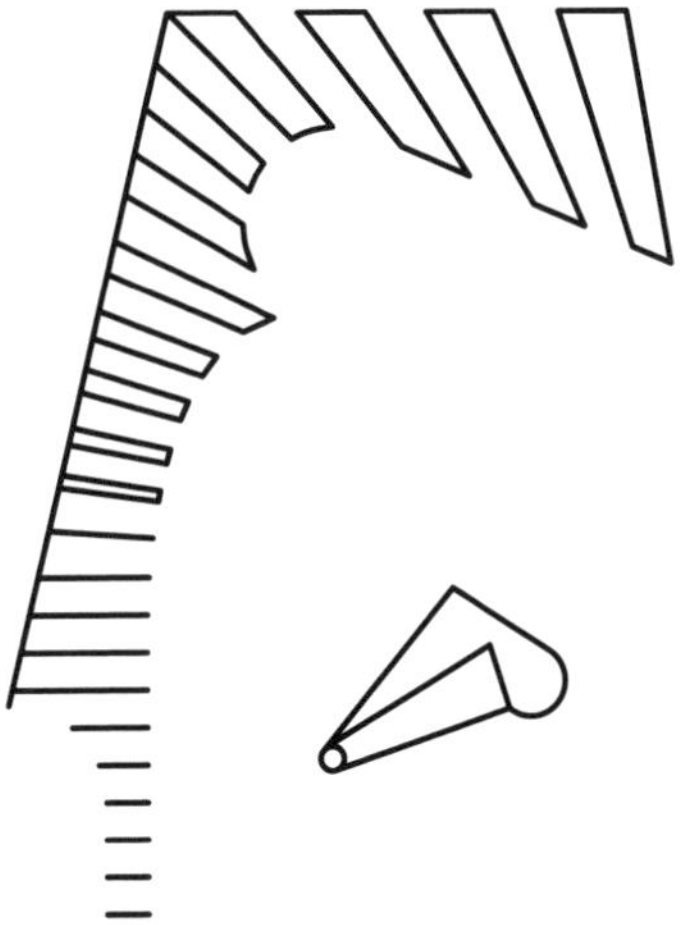

脇役の時代

1

脱線トリオが実質的に解散し、さらに森川信が亡くなってから、舞台では座長となることが多くなった。座長は責任があるし、花形になる役者を立てなくてはならない。自由にやっていた花形の方がズーと楽だと思っていた。新宿コマなど歌手芝居が主流になったことも幸いして、座長でも花形でもない立場で自由に笑いを作っている場には困らなかった。

一方、テレビ・ドラマや映画では、貴重な脇役として重宝がられるようになった。由利徹のキャラクターを求められているのだから、自由に演じることができた。特に久世光彦のテレビ・ドラマでは、ディレクターの久世が由利のアイデアを欲しがったのでやりがいさえ感じた。同時に映画では『網走番外地』のなくてはならない脇役としての地位を固めた。これも馬が合う石井輝男監督と、大好きな高倉健と一緒に居られることがなによりも嬉しかった。

高倉健主演の東映映画『網走番外地』は昭和四十年に始まり四十二年まで石井輝男監督で十本、昭和四十四年に再開した『新網走番外地』は四十七年まで続き、最初の一本を石井監督が、三本目を佐伯清監督、残りは全部降旗康男が監督した。由利が参加したのは二作目の『続・網走番外地』からで、最初のシリーズでは七本、後期シリーズでは五本に出演した。

さまざまな役を演じたが、監獄の中で高倉健に出会う受刑囚役が多かった。十一番、百十番などの番号だけの役名も三回あった。受刑囚は監獄で健さんに絡む役だけだったから、大泉の東映撮影所の監獄セットだけで出番が終わる。

いちばん受けたのはオカマの受刑囚だろう。その最初がシリーズ四作目の『北海編』だ。役名はなく番号だった。本物の六本木のオカマバーのママよしのとの初共演になる。シャバでオカマをやっていて一緒に網走の刑務所に来ている二人という設定だ。

実は本物のオカマと芝居するのに多少なりとも抵抗を感じていた。だが共演してみてその実在感に驚かされた。テストの時、監獄にドンと座っただけで生活が出ている。喋らせると駄目だが、座っていると実にいい。ジィーと見てオカマの勉強をした。

毎回、このオカマ二人が健さんに惚れ合う。反則を犯して飯を抜かれた受刑者の健さんのところに行って、

「ねェ、ちょっとぉ。これ食べて」

と股間に隠していた握り飯を出して渡す。由利は握り飯を渡すとき、縮れた毛をさっと取ったりする細かい芝居を入れた。健さんは看守の目を盗みながら握り飯を喰い始める。由利が吹きそうになったの

は健さんがアドリブで縮れ毛を口から出す芝居をしたときだ。

看守役は体の大きいとどさん（関山耕司）だった。この看守があまりに憎たらしいんで、受刑者たちは殺っちまおうという話しになる。偽装喧嘩をして看守を呼び込み、健さんが絞め殺してしまう。受刑者たちが心配する。

「殺っちゃったとなると、また長いことになっちゃうよ。明日から独房だよ」

「気を落とさずにね」

「心配すんなよ」

「ね、お別れパーティしようよ」

このパーティでこんなギャグを考えた。

運動場で短い煙草の吸殻を見つけてこれをちり紙に包んで、よしののケツの穴に隠して監房の中まで持ってきたってことにしよう。中から取りにくくなるといけないからちり紙に糸を巻き付けて、糸の先をケツの穴の外に出しておく。

パーティの席で由利がよしのに、

「出せよ」

「なによ」

「あれ出せ」

ケツの後ろから糸の付いた吸殻をスッポンと抜いて、ここで臭いを嗅いでみる。

「くさあ」

その吸殻にマッチで火をつけ回し飲みする。

「達者でな」

最後に由利が健さんに、

「吸いなよ」

健さんが吸う。また由利が吸う。

「あっちっち」

あわてて煙草を消してふと見ると、吸殻に変なものがついている。また嗅ぐ。

「くっせえ」

ここで死んでいる看守が笑いを堪えてお腹が揺れ出した。長丁場のシーンだから途中で「カット！」ができない。腹が映っちゃまずいから、由利が、

「バカヤロ！　こんな臭い煙草吸わせやがって」

と言ってよしのを突き飛ばして看守の腹の上に倒した。

このシーンは映画の中に残っているかどうかは由利も知らない。

『網走番外地』の健さんに欠かせないのが田中邦衛だが、実は「俺だって健さんに欠かせねえよ」と秘かに思っていた。とはいえライバルというのでもなく田中と気が合った。

『南海の対決』で返還前の沖縄に行った時だ。由利は田中と同室だったので、休みの日に二人で買い物に行こうという話になった。

「邦ちゃん、何買うの?」

「時計買おうと思ってね。由利ちゃんは」

「俺は女房のお土産にオパールのでかいやつ買おうと思ってんだ」

由利は三百ドルの値札がある指輪を百ドルにまけさせることに成功した。田中は当時としては珍しいリューズのない電池で動く時計を買った。二人とも、いいモノを買ったと興奮気味だった。

興奮は夜寝るときも続いていた。真ん中に電気スタンドを挟んで二人とも布団に入った。田中は枕元に時計を置き、由利も同じように枕元にオパールの指輪を置く。

夜中に部屋が明るいので目を覚ました。田中が布団の上で胡坐をかいて、時計を耳に当てて音を聞いている。つられて布団の上で胡坐をかいて指輪の蓋を開ける。それからオパールに息をかけてタオルで拭く作業に入った。

「これリューズないですよ。すごいですよ」

「三分の一にまけたってもともと三百ドルだからね、十万だよ。俺十万もするオパールの指輪女房に買っちゃった」

二人して同じことを一晩言い続け時計を眺めたり指輪を磨いたりした。カーテンの隙間から夜が明けてきたのがわかった。

那覇空港にはまだ税関があった。税金を取られたら、せっかく安く買えた意味がなくなってしまう。部屋を出る前に指輪を股間の袋の裏に絆創膏で貼り付けた。歩くと痛くてしょうがない。玄関まで来たとこで、

「いけねえ、忘れ物しちゃった。邦ちゃん、ちょっと待っててくれる?」

部屋に戻って指輪に糸を通し自慢の胸毛にぶら下げた。鏡を見ると、胸毛のあるとこの一部が盛り上がっている。それで脇の下の毛に結んでみた。

税関は無事だった。

飛行機に乗ってベルトを締めようとしたが、半袖なので腕を大きく動かすと脇が見えてしまう。見えないようにして締めようとするが上手くいかない。見かねて客席乗務員が来た。

「お客さま、ベルトをお締めください」

腕を上げられない由利を見て、

「失礼しました。お手がご不自由なんですね」

そう言ってベルトを締めてくれた。通路を挟んで三席前に座る田中が由利をちらちら振り返って見ながら声を出さずに腹を抱えて笑っていた。

「宝石屋で鑑定してもらったら、偽物だって」

数日後、田中に会ったのでそう言うと、

「帰った次の日に止まっちゃいましたよ」

二人とも騙されたことに気づいた。

2

『新網走番外地最果ての流れ者』の時だ。共演の谷隼人と渡辺篤等との雪の北海道のロケだった。降り続けた雪がかなりの高さに積もっている。もう少し様子を見ようと降籏監督が延期を決めた。

宿に帰ると、健さんの地元の友達が撃った鹿を刺身にして持ってきた。生肉で、しかも鹿だ。気持ち

悪いので遠慮しておこうと思った。健さんが、

「先輩どうぞ！」

健さんにそう言われちゃあ仕方がない。覚悟を決めた。食べてみると甘くて旨い。日本酒が進んだ。

健さんが、谷と渡辺の二人の若い役者を指して、

「由利さん、なんかこいつらにためになることを話してください」

そう言われて困ったが、健さんに頼まれたら後へ引けない。

「あのな、役者というものはね……」

話し出したところで、健さんが
「由利さん、ちょっとすいません」

と断って、二人を叱りつけた。

「お前らなんだ！　由利さんが話しているのにその態度は」

二人は慌てて正座した。谷が、

「失礼しました。明日からもっとちゃんとします」

二人で畳に手をついて深々とお辞儀をした。

由利は自分より若い健さんを秘かに尊敬していた。大雪山の近隣の町で撮影があった時だ。物凄い吹雪で撮影が一時中断した。健さんはスタッフに、

「すいませんがタクシーを呼んでくれますか」

「お帰りになるんですか」

「いや、ちょっと町に戻ってコーヒーを買ってきます」

健さんはコーヒー好きで有名だ。戻ってくるとコーヒーを口まで入れたポットを持っている。

「先輩、飲んでください。温まりますから」

苦手なコーヒーを前に、コーヒー通が旨いコーヒーを口にする時にするように鼻をカップに近づけて香りを嗅ぐ芝居をした。

周りのみんながカップを手にすると、それぞれにたっぷりコーヒーを注いで回った。

ふと健さんのカップを見ると、少ししか入っていない。その少ないのを手で隠して飲んでいる。少ないのを見られると皆が気を遣うと思ってのことだ。

北海道のロケにたこ八郎を連れて行ったことがある。

健さんに元フライ級チャンピオンだと紹介すると、

「知っています。斎藤清作さんでしょう。ボクシングが好きなもんですから何試合か拝見しています。努力の人って印象がありますね。そうですか、俳優さんやってらっしゃるんですか」

慌てて、

「こいつはまだ俳優さんて言うほどのもんじゃないですよ」

「いや、役者には人並み外れた集中力とか持続力が要求されますから、チャンピオンだったんでしたら俳優に向くでしょうね。一日も早く、師匠の由利さんを追い越すような俳優さんになってください。祈っております」

すっかり困ってしまった。

以来、健さんはたこを可愛がってくれるようになったので内心嬉しかった。「たこさん」とか「たこちゃん」とは言わずに「斎藤くん」とたこのことを呼ぶようになった。

少年刑務所の悪さで入っている少年たちの鬱積した気持ちを吐き出すのにリングを作ってボクシングをさせるという設定のシーンがあった。健さんがたこにたのんだ。

「斎藤くん、あいつらにボクシングの基礎を教えてやってくれませんか」

「いいでしゅよ」

そこでたこが若いの相手に

「いいから、ね、俺、カバーだけするから、まともに殴っていいから」

若い連中が次々に思い切りたこに殴り掛かってきたが一発も当らなかった。

「やっぱりチャンピオンは違いますねえ」

健さんが驚いてくれたことが嬉しくてたまらなかった。


たこと言えば、その頃、たこの涙を初めて見た。

たこの下には二人の弟と妹がいる。弟は二人ともボクサー経験者だ。下の弟はボクシングを頓挫して
トラックの運転手をしていた。

その弟が事故を起こして肋骨と足首を折って入院していた。

「先生、誰も見舞いに行く奴がいないんで見舞いに行って下さい」

都内の病院にたこと花を持って行った。見舞金を置いて帰った。

病院を出た途端、たこが涙を流して、

「先生、ありがとうございます」


ガチャヤンという愛称の役者伊達弘に誘われた。

「先輩、呑みに行きましょうよ。いい娘がいるんですよ」

誘われたものの外は寒いし出たくなかった。

「うん、もうちょっとしたら行こうか」

そこへ健さんが来た。

「由利さん！　どこ行くんですか？」

「いや、ガチャヤンとちょっと」

「冗談じゃないよ。俺と付き合ってくださいよ」

仕方がないからガチャヤンを部屋で待たせて健さんの部屋に行った。健さんはシュークリームの中に睡眠薬を入れて、

「これガチャヤンに食わしてください」

そういういたずらを健さんはわりと好む。

「ガチャヤン、嵐寛さんにもらったって言ったら絶対食べますから」

何も入っていないシュークリームをもう一つ持って、ガチャヤンのところへ戻った。ガチャヤンに食べさせるために食べたくもないシュークリームを無理に食べた。ガチャヤンも食べた。

しばらくすると部屋の電話が鳴った。健さんだ。

「由利さん、ガチャヤン食べました？」

「ハイ、食べましたよ」

「なんでもないですか？」

「なんでもないですよ」

「すいません、じゃあビール飲ましてください」

ガチャヤンに勧めたら、ペロッとビールを飲んで、

「じゃ、由利さん、そろそろ行きますか」

そこへまた健さんから電話。

「なんでもないですか？」

「まだ」

「じゃもう一本飲ましてください」

いくら飲ませても睡眠薬は一向に効こうとしない。

また電話が鳴る。

「飲んだですか？」

「まだ、変化なし」

「すいません、もう一本」

ガチャヤンもだいぶ出来上がっていた。

「ガチャヤン、これ飲んだら行こうか」

ガチャヤンは並々と注がれたビールを一気に飲んだ。

「行こうか」

こっちが立ち上がろうとしたら、ガチャヤン、右に揺れて後ろに揺れて立ち上がれない。

そこにまた電話。

「どうですか?」

小声で答えた。

「効いてきました。体揺れて立ち上がれない」

すぐに健さんが部屋に来て、ガチャヤンに声をかけた。

「行こうか、ガチャヤン」

立とうとしたがガチャヤンは関節がバラバラになって立てない。

「あれっ、おかしいな」

足をずるずるやったまま居眠りを始めた。

やはり吹雪いてロケが中止になったので部屋で飲んでいると健さんが来た。

「由利さん、『追分』得意でしょう。尺八の上手い人連れてきたんです。録音したいんですけど、やってくれますか」

部屋を閉め切って、スタッフの録音係を呼んだ。

「じゃ、由利さん、行きましょう。ぼくどうすればいいですか」

「波の音やってもらえます」

「ハイ、波の音」

健さん、ボール紙に小豆を乗せてザァーザァーとやりだした。

「櫂《かい》の音も欲しいな」

健さん、すかさず木と木を擦り合わせてギィーッギィーッ…。

「早過ぎ！　もっと遅く」

ギィーッギィーッ…、ザブー。

由利が尺八にキューを出す。

健さんは「フーッ」と大きなため息をついて櫂の手を休めて由利の歌を聞きだした。

慌てて、健さんに向かって櫂をこぐ振りをした。健さんも慌てて櫂の音を出し始めた。全部終わった。

健さんが目の前で手をついた。

「先輩の人間性を見ました。どうもありがとうございました。これだよ、日本人はこれだよ。ぼくは今晩、感激しました」

そんなことより飲みたい。

「あのぉ……一杯……」

「あ、失礼しました。ウィスキー」

と言って由利が大事にして棚の下の方に隠してあった一番いいウィスキーを取りだして、コップに並々と注いだ。

「あっ」

喉が渇いていたから水割りを飲みたかったのだ。だが、折角健さんが注いでくれた酒だ。仕方がないからキューっとストレートで飲んだ。

明日のロケが昼からと決まった晩飯後に健さんに言われた。

「あのぉ、先輩！　南さんもいるから、国定忠治やって欲しいな。ぼくも子分役かなんかで手伝いますから」

　という話になった。

　あれには太鼓がいるなと思って風呂場から桶を持ってきた。そのまま叩くと音の感じが違うのでタオルをかけた。

　口で笛や風の音を表現する。

「てつぅ」

　と言うと、南利明が、

「へえ」

「定八も聞け」

　健さん、

「へえ」

　続けた。

「加賀の国の住人……、俺には生涯（しょうげえ）手前ェという強えー味方があったんだ」

　健さん、すかさず、

「親分！」

本当にいい気持になった。

「健さん、いいねぇ。俺、いい気持だよ」

「当然ですよ、先輩。ぼくは感激しましたよ」

嬉しくて泣きそうになったが笑い顔をして必死に堪えた。


冬の北海道ロケの時だ。健さんが脱走途中に捕まって縄で縛られて馬に引きずられるシーンがあった。

石井監督の指示で、健さんの代わりにスタッフが用意したゴムの人形が使われた。

テストということで馬に引きずらせると、速く走るとゴムだから弾んでしまう。

「監督、見ててあんまりグーッとこないな……ぼくやりますよ」

健さんは零下十何度という極寒の中、上半身を脱いでズボン一つになった。

「行きましょう」

撮影が始まった。

健さんは迫力たっぷりに馬に引きずられた。

「カット！」

健さんの胸は血だらけだった。

その石井監督も面白かった。『新番外地』シリーズになって、縁が薄くなったと思っていたら、四十五年の『殺し屋人別帳』に誘われた。撮影は京都の東映だった。十二月初旬。由利と大泉晃はなぜか奴隷船に乗せられた女の囚人役だった。途中で仲間の囚人に、

「こいつらいらないから落っことしちゃえ」

と二人が海の中に放り込まれるシーンを撮った。

正月休みで家にいた由利に電話があった。

「海に落っこったところのシーンを撮りますから撮影所に来てください」

「行かないよ」

「来ないと規則違反です」

仕方がないから京都に行った。

「どこでやるの?」

「そこのプールです」

「プールって、氷が張ってるじゃないか」

「大丈夫です。割りますから」

そう言って助監督が五センチほどの氷をトンカチで割り始めた。

「おいおい」

「大丈夫ですって。風呂沸かしてありますし、車も用意してありますから」

冗談じゃない。

「俺、死んじゃったらどうすんの？」

本気でそう思った。保険だって入っていない。

「あそこから飛び込んでください」

船の甲板の高さという設定だから相当高い櫓《やぐら》が組んである。周りを見ると見学者がいっぱいいる。

気になったのは女子高生と女子大生だ。由利は彼女たちに聞こえよがしに、

「まいったなぁ」

などと言いながらいいところを見せてやろうという気になっていた。見てるなと思うから、水面の氷のかけらを拾って心臓に当てて慣れさせる芝居を入れた。

浅茅の着物に草履を履いて櫓の上に立った。

ワーッというすごい拍手と歓声が上がった。ここまで来たら今更下に降りるわけにもいかない。

「よーい、スタート！」

でカチンコが鳴りドブーン。

冷たいなんてもんじゃなかった。手足がしびれて動かない。真冬の水だ。息が止まりそうになった。

ようやくプールのふちに手をかけた。

着物を着たまま風呂に入り、着換えてタクシーに乗ろうとしたところで、

「すいません。もう一度」

きっぱり断った。

「やだ！」

後日試写で見たらその部分はカットされていた。

「どうしてカットになっちゃったんです？」

すると監督、

「由利ちゃん飛び込んだ時、草履が浮いたろ。そしたら草履の裏がゴムだったんだよ。時代劇にゴムじゃどうしようもないだろ」

つくづく役者って侘しいもんだと思った。

『新番外地』シリーズも終わってしばらくした頃、東映大泉撮影所で健さんにばったり会った。

「由利さん、この間、船橋ロケの時、現場を見学に来た人から『健ちゃんよおー、健ちゃんよお、俺、東映京都で会ってんだッ』って栃木弁で言われました。誰だっけなぁと思ってましたら『撮影所で由利先生と一緒に会ったじゃないか』って。思い出しました。それで『おう、会った会った』って言いましたら『健ちゃんよお、明日うちの先生に会うのか』っていうんで会うよというと『じゃ、うちの先生によろしく』って言ってました」

由利のファンを自称する船橋のチャー坊だ。高倉健がちゃん付で由利徹が先生だ。

「スタッフが大笑いしてました」

顔から火が出るほど恥ずかしかった。

3

『番外地』の頃、事務所に内緒で北海道のCMに出たことがある。

札幌のクラブで飲んでいたら、薄野のトルコ風呂の社長を紹介された。

「由利さん、どうでしょう。数日札幌にいてウチのコマーシャルに出てくれませんかねえ」

「トルコのコマーシャル……」

「由利さん相場はどのくらいでしょう」

一年契約のCM出演で貰った額を口にした。

「じゃあ、それだけお支払いしましょう」

「それだけって？」

「大丈夫。由利さん、事務所通さないで直接由利さんの口座に振り込みますから」

決まった。

映画のロケも終わったが、帰りを遅くして五日ほど滞在を延長した。ホテルは別のいいホテルになってしかもスイートだ。おまけに社長の囲っている女性まで付けてくれた。

由利がその店を利用しているところをCMにするわけだから、撮影は店の営業終了後になる。撮影開始は夜中の三時ということになった。監督がそのままカメラも回すらしい。

「流れる虹の五色風呂」

というコピーで、最初が普通の色がついたお風呂に由利が女の子と夢心地で浸かっているカット。次は下からあぶくが出てくるお風呂に女の子と二人で浸かっている二人の顔だけのカット。最後はお湯が渦になっていてグルグル回るお風呂に浸かっているカット。

この最後のカットが面倒くさかった。

「由利さん、三回まわってここで止まってください」

監督にそう言われても、お湯がグルグル流れているから止まれない。下にゴムを置いたりしてようやく止まることができた。

「監督、これだと三色しかないんじゃないの？」

と聞くと、

「最初に女の子と二人で飲むのが一色になります。あと本番が一色で計五色ということです」

コンテを見ると台詞がある。

女　「あなたなに考えてるの？」

由利「お前とおんなじことだよ」

古いなぁと思ったが黙っていた。

「台詞はここで？」

「いえ、後で録音させていただきます」

とにかく撮影は終了して帰京した。

一週間後に由利個人の口座に約束のギャラが振込まれた。事務所にも妻にも内緒の口座だったので全額が由利の物になった。

数年後、舞台の仕事で札幌に行った。夜中にテレビを見ているとまだそのCMをやっている。

冗談じゃないと思い、翌日、社長に電話した。

「由利さん、今晩飲みましょう」

またあのクラブに行った。

「社長、冗談じゃないよ」

と言った途端にポケットに札束を突っ込まれた。

「まあまあ、もういいじゃないですか、これで」

「そうね、今年いっぱいくらいなら」

思いきり飲んで帰って寝て、朝起きたら、社長からお土産まで届いていた。

次の年の秋に札幌に行ったらまだそのCMが流れていた。

『番外地』シリーズも終わって何年も後、舞台の巡業で北海道に行った。久し振りの冬の北海道は懐かしかった。

夜中の十二時頃だった。降り続けた雪は二メートル以上も積もっていたことだろう。

寝付かれないので飲みに行くことにした。この時間ならまだやってる飲み屋があるだろうと。そこで佐山俊二を誘ってタクシーを呼んでもらった。

車は昼間目星をつけていたバーに向かった。

店の前で止めたのはいいものの、あいにくもう閉店していた。

「なんだ、来るんじゃなかった。帰ろうか」

乗ってきたタクシーでそのまま引き返すことになった。

次の信号で止まっているとホステス風の女が二人、声をかけてきた。

「あら、由利さんじゃない。飲みに行くの？」

「どこも閉まってんだよ。どっかないかい？」

「あたしの知ってるお店、まだやってるわ。そこへ行きましょうか」

「行こう、行こう」

二人を乗せて、ホステスの言う場所へタクシーは運んでくれた。

年配の方のホステスの友達の店だったが、しばらく飲んでいると
「ねェ、ここも一時でおしまいなの」

「なんだ、そうか。まだやってる店、どっかないか」

「よかったら家へいらっしゃいよ。飲ましてあげる」

「ありがたいね。じゃア行こう」

もちろん下心はあった。女二人にこっちも二人。

女のアパートに着いた。

「布団敷きっぱなしなんだけどいいでしょう」

そりゃあいい。手間が省ける。完全に気持ちは行っていた。

電気をつけた部屋は寒かった。女が石油ストーブをつけた。それでもしばらくコートを着たまま立っていた。二十分ほど立ち話をしていると、少し暖かくなった。コートを着たまま布団の上に腰を下ろした。ウィスキーの水割りが始まった。一杯も飲まないうち、若い方の女が、

「あたしたちまだ食事してないの。なんか食べてきていい？」

「いいよ。俺たちは旅館ですましているから」

野郎二人とウィスキーと水割りセットが狭いアパートに取り残された。

しばらく二人で飲んで時計を見ると二時半だ。あいつら一時間以上も帰って来やしない。ストーブで部屋は暑いくらいになっているし、暑いから酒も回った。どうしようもなく眠くなった。佐山はすでに布団に突っ伏して寝息を立てている。

由利もうとうととしたその途端、

「おい、起きろ、起きろって、コラッ！」

ドスを手にした男がヌッと立っている。びっくりしていっぺんに目も酔いも覚めた。佐山も飛び起きた。

「てめぇら、うちの女房をどうしようってんだ、えっ？　おい、とっつぁん、いい年こきやがってこの野郎、ふざけんじゃねえぞ」

男は素早く佐山の胴巻きに目をつけた。

「おい、その胴巻きン中に何が入ってんだよ。出してみろよ。中身を見せろってんだよ」

佐山は震える手で五百円札を二枚出した。

「この野郎、とぼけやがって！　こんなもんじゃねえだろうが」

横目で佐山を見ると、凄む男を見ながら大きな金を胴巻きの奥の方に寄せている。

「なにやってんだよ、おまえ！」

「いえ、あの、それで全部です。それっきりですよ」

「そうか。金ねえんだな、芸能人のくせしてよ」

「はい、旅先なもんですから」

佐山のその器用さにさすがの由利も恐れ入った。

「おい、おめえはいくら持ってんだ」

今度はこっちに来た。覚悟を決めて二万円出した。

「これで全部、旅館を出る時二万しか持ってこなかったんで」

「もっと持ってんだろうが、この野郎！」

「これで全部だってば」

男はドスの刃を上に向けて、佐山の頬にピタッとつけた。

「おい、うちの女房をどうする気だったんだ、えっ？ 何とか言えよ、おい」

下手に喋ると頬っぺたが切れちゃうから、佐山は口を半開きにしたまま、

「しいませんでした、しいませんでした」

「す」というと切れちゃうから、佐山ちゃん「し」と言ってるんだ。生きた心地がしなかった。それでも口から出た。

「おい、よしなよ、危ねえじゃねえか」

「やかましい、この野郎！」

と言って目の前でいきなりドスを振り回した。

「痛ッ！」

鼻の頭がピッと斬れた。血がしたたり落ちた。この傷とは死ぬまで付き合うことになる。

男も血を見てやばいと思ったのだろう、

「帰れよ！　二度とふざけた真似すんじゃねえぞ」

帰してもらった。

旅館に戻って興行主に電話を入れた。ことの顛末を話すと、興行主は一端電話を切ってすぐにその電話で警察に訴え出た。それから由利に「直接警察に電話しろ」と興行主から興奮気味の電話があって、担当の刑事の名前を告げられた。

言われた番号に電話した。

「パトカーですぐに現場に向かいますから、お二人もタクシーで現場に向かってください」

二人してタクシーに乗った。

現場のアパート付近でタクシーを止めたが、こっちの方がパトカーより先に着いていた。正面からやくざと思しき集団がこっちに向かって歩いてくる。中にドスのお兄さんもいた。二人から巻き上げた金で博打をした帰りだったらしい。

男がこっちに気づいた。

「おい、何しに来たんだ。まだ懲りねえのか！」

ひどい展開になった。覚悟するしかない。

その瞬間、ヤクザたちの後ろからパトカーが数台やってきた。

遅いじゃないか。もう少し遅れたらどうなってたか判んないんだぞ─ホッとすると同時に腹が立った。

「返しゃいいんだろう、返しゃ」

男はそう言って金をタクシーに投げ込んで逃げようとした。

それから警察とやくざの大捕り物が始まり、全員逮捕された。

翌日、警察に呼ばれて佐山とは別々に調書をとられた。

ところが酔っ払っていたせいで二人とも記憶があいまいで、飲み屋に行った時間からして食い違っていた。

「なにを二人でデタラメを言っているんですか。一時間半もずれているじゃないですか」

そんなわけで二人並んで再び調書を取られた。

帰ろうとすると、廊下に新聞記者たちがウロウロしている。ちょっぴり心配になって、

「あのー新聞に出るんでしょうか」

「出ても道内だけの新聞ですよ」

その日も公演があった。劇場の楽屋口に行くと、入り口におっかない顔をした若いもんが何人もたむろしている。そして二人に罵声を浴びせた。自分たちの兄貴分がパクられたから、隙あらば二人にパンチの一つもという勢いだった。幸いそれを予想した警察がガードしてくれたので助かった。怖かった。

北海道公演を終え帰りの飛行機まで私服の刑事が同行してくれた。

千歳空港で買った鮭をお土産に帰った家の玄関に入るなり、

「ただいまー」

大声で言ったのに、女房も誰も出てこない。

「ただいまー。鮭買って来たよー」

やっと女房が出てきた。新聞を一抱え持っていた。その中の一つをさっと由利の目の前で開いた。

記事が赤いペンで囲ってある。


由利徹、北海道で切られる!

スポーツ紙のその記事はびっくりするくらい大きかった。

「テレビでもやっていたわ。みんな知っているのよ」

恥ずかしいのなんのってそれこそ穴があったら入りたい心境だった。そう思いながら、あそこで穴に入らないでよかったなどとバカな洒落が浮かんだ。

その二日後、睫毛と鼻の間に絆創膏を貼って家を出た。タクシーを拾って行き先を言った。

「日本テレビ行ってちょうだい」

「テレビ関係の人ですか。そう言えば、由利徹が北海道で刺されたんですってねえ」

「えっ？」

「切られて死んだんですって、新聞に出てたそうですよ」

俺がその由利徹だよとは言えなかった。

この事件には後日談がある。

三年後、同じ興行主が北海道へ呼んでくれた。あれ以来ロケもないので北海道に行っていないし、正直行きたくなかった。

「あんなおっかないとこ、もう嫌だよ」

「大丈夫だって、あたしがついていれば。見ず知らずのおかしな店へ飲みに行くからいけないの。その辺のところは全部うまくやってあげるから、大船に乗ったつもりでいらっしゃい」

ギャラも弾んでくれるというので話しを決めた。今度も佐山俊二が一緒だった。

現地では約束通り興行主があちこち案内してくれた。食事を終えてその男が経営しているクラブに誘われた。

ホステスに案内されると、既に来て座っているダブルのスーツに髭を生やした押し出しのいい男が立ち上がって挨拶をした。

「あ、由利ちゃん、紹介しよう。こちらは運送会社の社長さん」

「ああ、どうもよろしくお願いします」

ホステスを挟んで四人の男が飲み始めた。

そのうち、どういうわけか話が三年前のことになった。

「あん時はひどい目に遭ったよ。やくざもんに脅されてさ」

というと、興行主が横の社長を指して、

「由利ちゃん佐山ちゃん、この人に覚えがない？」

そう言われても、こんなどこか人相の悪い男に知り合いはいない。

「さぁ、わかんないなぁ」

「そう？　知ってるはずだがなぁ」

「どこかで会ってます？」

するとと社長が、

「ええ、会ってますよ」

「いつ？」

「三年前ですよ」

「三年前ねえ……どこで？」

すかさず興行主が、

「佐山ちゃんなら知ってるはずだけどなァ。ほら、ドスで頬っぺたをペタペタやられたでしょう。あれ、この人」

「ええっ！」

そりゃあ驚くに決まっている。話を聞くと刑務所を出てからすっかり改心し、今じゃ立派な実業家。

「あのホステスしてた人は？」

「私が刑務所に入っている間に、他の男とどこか行っちゃいましたよ」

由利も脅した男も、両方とも同じ女に裏切られたのだ。あらためて乾杯をした。

4

由利は、映画とテレビでは脇役に徹していた。脇役も多くやっていると、芝居の引き出しが多くなる。順応性も出る。それでなくては務まらないのが脇役だ。それでも「あんな奴と共演するのか」とプライドばかり持っていたらやってはいられない。

喜劇が好きだったこと。背負っている生活があるということ。この二つを満たすには来る役を拒んではいられないのだ。ギャラだってそんなに高い役者じゃないから仕事もよく来たし、脇役をこなすのも役者にとって必要なことだと思っていた。

脱線トリオを辞めてからめっきりテレビ出演の依頼が減ったが、関西のテレビ局からお呼びがかかるようになった。関西のテレビ？——最初は尻込みした。それこそ他流試合だ。

行ってみて「なんだ、大したことないな」と思った。

あらためて自分のキャリアに自信を持った。

最初に出会った二人がよかった。作家の香川登志雄とディレクターの沢田隆二だ。

昭和三十六年に始まって六年続いた朝日放送の『スチャラカ社員』。脱線トリオでのゲスト出演だったが、由利に来た役は大阪弁だった。

立稽古になった時、台詞を喋っていると東北弁と九州弁が混ざってしまう。東北弁は地元だから仕方がないが、苦しくなると九州弁が出てくる。最初はわざとやっている訳ではなかったが、

社長役のミヤコ蝶々に、

「あんたどこの国の人やねん」

とアドリブで突っ込まれた途端、受けるという確信を持ってわざとやってやった。関西弁が苦しくなると、最後に「バッテン」をつけた。とにかく西の言葉を使えばいいと勘違いしているふりをして思いっきり「バッテン」と「ジャケン」を使って大受けした。

そのあとが三十七年に始まった『てなもんや三度笠』だ。これも最初の頃は前年に解散した。脱線トリオでの出演だった。

気楽に考えていたが、行ってみると台本がしっかりしていて演出も厳しい。アドリブや下ネタといった逃げ道がなくても、きちんとした芝居が出来上がっているから、そこで生れるギャグは大いに笑いを取った。お色気なんて皆無だった。由利が下ネタに行きそうになると八波か南が止めた。その止め方がおかしく、香川や沢田が笑うのが嬉しかった。

稽古が長いのにはびっくりした。その日に行って、そのまま夜七時に稽古場に入る。それから朝の三時四時までびっしり稽古をさせられた。翌朝七時半からリハーサルをやり、十二時半ごろから公開で本

番をやった。二本撮りだった。

昼の公開番組『お昼の演芸』でテレビデビューした脱線だけに公開の客はありがたかった。だが、全編アドリブでやった「たそがれシリーズ」とは全く違った作り方だったので、脱線にとっては辛い仕事でもあった。

関西の番組で楽しかったのは『てなもんや』が終わって二年後に藤田まことがメインの公開バラエティ番組『夜の大作戦』(毎日放送)だ。由利はこの番組のコントでまた秘かなファンが増えたと思っている。

藤田が監督で、由利が時代劇の有名役者が出演できなくなったということで急きょ抜擢されたドサ回りの芝居の花形役者という設定だ。藤田が

「まだ来ないのかぁ」

助監督が、

「いまメイクしています」

やっと現場に来た由利は昔の二枚目よろしく白塗りで目張りをばっちりしている。芝居をさせればやたらに見栄を切る。困りきる監督に動じない由利。

最後にまとまりがつかなくなって思わずやったのがあの「オシャマンベ」だった。これが受けた。

「オシャマンベ」という「カックン」に通じる由利のギャグはもちろん長万部でできた。ロケで長万部

に行ったのは『番外地』シリーズの最初の方の作品だった。この時、長万部がいっぺんで好きになった。食い物は旨いし人間が良かった。よし、長万部を宣伝してやろう。

東京に帰ると会う人会う人に長万部を宣伝した。テレビのコントでもオシャマンベを連発した。そのうち「オシャ」で切って「マンベ」というとなんとなくおかしいことに気づいた。特に「マンベ」を強く言うと、なんだか卑猥に聞こえる。ついでに「マンベ」のところで股をくの字型に開くとやたらいやらしい。

ロケの後で出演した『夜の大作戦』で最初は苦し紛れで意味もなくやってみたが、これが番組を中心にヒットしたのだ。公開の会場にいる客もこれが目当てで来るようになった。

「マンベ」で開いた股をもう一度閉じる時、「合わせてクッチャン（倶知安）」とやってみたらこれがまた受けた。

5

香川＝沢田の関西系のコメディ番組もなくなってしまった頃、久世光彦の出会いが再び由利の状況を変えた。テレビで脇役として人気が出るきっかけになった『時間ですよ』だ。由利がレギュラーになったのはシリーズ3からで、番組が始まって二年目の昭和四十八年だった。

役柄は「ダルマ食堂」を営む平吉。松の湯の主人（船越英二）や伴淳三郎とは飲み仲間役だった。

久世に「なんかギャグありませんか？」と言われると、全面的に引き受け徹底的にギャグ作りに励んだ。

映画のギャグは流れによってチビリチビリと出していく。テレビは流れの中でということはなく、何秒何秒というカットでやっていく。長い出演経験から、映画とテレビの笑いを完全に分けていた。

ただTBSの『時間ですよ』は全く違った。

テレビで通用するのは例えばこんなギャグだ。

親父が火鉢でジーっと餅を見ながらひたすら焼いている。そこで餅の下に管を通して風船を仕込んでおくアイデアを出した。餅がフーッと膨らんでパチッと割れる。それをまたひっくり返す。風船がどんどん膨らむ。餅がそこまで膨らむなんてありえないし、風船を仕込んでいることもわかる。ただテレビではそうしたギャグが受けることは経験の上で学んでいた。

ギャグは計算されたものでなければならない。頭で組み立てて、まずどこかでやってみる。そう信じていたから、古いやりつくしたギャグは絶対と言っていいほどやるまいと思っていた。客の意表をついてやるギャグこそ受けるということも舞台で覚えた。

さらに思う。一発で終わるギャグではだめだ。続いて二発、三発と出す。間を空けてはいけない。これはテレビも映画も舞台でも同じことが言える。

それだけに相手はツーと言えばカーという役者じゃないといけない。悠木千帆（樹木希林）も堺正章もギャグをやり易い相手だった。

久世とは『時間ですよ』以来、平成四年の『母さんはドン』まで長い付き合いになる。

久世の台本（ほん）読みが好きだ。台本読みを二日やって、

「もう二日もやりましたから台本も覚えたでしょう。では、台詞を全部忘れて自分で思い出してやってください」

早く帰りたがっているのを知って、

「早く帰りたくてイライラしているから由利さんのところからいきましょう」

伴淳三郎が、

「何時までやるんだよ」

「伴さん、ギャラが高いからもう少しいてください」

アドリブで近くにあった大きめの石をひっくり返した。すかさず久世が、

「由利さん、そこで石を倒して何が面白いんですかねェ」

と実に憎ったらしい言い方で言われて、

「いや、重い石がだねェ、普通だとちょっと触って倒れない石がね、コーンと押して倒れてさ。俺はその石見てインチキな石だと思うわけ。これがおかしいんだよ」

「わかりました。それで行きましょう」

ケロッと言われる。あのケロにはまいってしまうのだ。

何か言われて内心「コノヤロー」と思っていると、

「すみません、由利さん、コノヤローと思っているでしょう」

と軽く言う久世も好きだった。

昭和五十一年の山田太一脚本の『さくらの唄』(TBS)も久世演出だった。

この時初めて桃井かおりに会った。最初から親しげに話しかけられた。休憩中に由利がする猥談に笑い転げていた。芝居をさせると、上手い。由利は本当に上手い役者だと思った。

本番の収録をしているときだった。急に桃井が芝居を止めて怒鳴り出した。

「ちょっと、あんた、冗談じゃないわよ。気が散って芝居ができないじゃないの」

録音係がガン・マイクをチョロチョロさせるのに怒り出したのだ。

「静かな芝居している時にチョロチョロされたら辞めるわよ」

ベテランの音声さんも怒った。

「辞めろよ！」

スタジオが凍りついた。

「上等じゃない」

驚いた。「上等じゃない」の台詞に驚いた。確かまだ二十五歳と聞いていた。

最終回の収録が終わって、数日後に手紙をもらった。共演できて楽しかったとかお礼が書いてあって、最後に、

「今度会ったらセックスしましょう」

だが、その後何回か会ったがセックスをしていない。

『さくらの唄』にはたこも出演していたが、由利に付いてきたから久世が出番を作ったわけではない。久世自らがたこに出演要請をしたのだ。

たこの役は桃井演じるちょっとアーパーな娘に思いを寄せているバカという設定だった。桃井が家の前でボケーッと突っ立っていると、必ずたこが自転車に乗ってその前を通る。毎回、桃井に見とれて塀とか壁とか電柱にぶつかる。由利のアイデアで川に落っこちたことや神社に突っ込んだこともあった。

桃井もたこを可愛がってくれた。

ふと由利が気づくと、カメリハも終わった本番前、二人で台本の読み合わせをしてる。

「なにしてんだい?」

「たこちゃん、見たら一人ぼっちで台本読みなんかしてるじゃない。それで、かおり一緒にやろうって」

収録が終わって帰るとき、

「よかったな今日は。かおりが台本読み手伝ってくれて」

するとたこが、

「桃井かおりって、いい人でしゅ。周りからあんまり好かれてなかったみたいだけど……」

「そんなこたないだろう」

「俺にはいつもよくしてくれるんでしゅ。気ィ遣ってくれて。いい人なのに誤解されてるとこあんだよな……」

「ちょっと飲んでから帰るか」

家の近くの中華料理屋の前で運転手の弟子に車を止めさせて、

「車置いてきたら、お前も来いや」

先にたこと二人で店に入った。由利が行くと、シーバスリーガルと氷と水差しの水割りセットが用意された。

「たこ、腹減ってるか？」

「減ってまシュ。でもまずビールがいいです」

ビールを頼むと、たこが手早く由利の水割りを作っていた。

しばらく大した会話もなくテレビのニュースやスポーツニュースを見ていた。一時間もしたろうか。腹が減っているからと頼んでやったもやしソバは殆ど箸もつけていなかった。たこも水割りを飲んでいた。

「久世さんもいいだろ？」

「あの人は俺にとって黒澤明だね。俺、シェンシェイと久世さんのお蔭でテレビドラマなんかに出してもらったんだよね」

大分酔っ払っている。

「誰も俺を相手にしないんだから……酔っ払いだから……それを相手にしてくれたのは久世さんだけだ。最初は十年くらい前の『時間ですよ』の時だ。俺がシェンシェイのとこに6チャンネルに遊びに行くと、『たこ、出番作ってやる。どっかで出るか？』って。『はい！』って言ったら『おい、どっか出番作ってやれ』ってスタッフに言うの。そんな人、いないよ。それで出ると二、三万円、金貰えるんだよね」

なんだかしんみりしてきた。

「由利シェンシェイ……それは久世さんがシェンシェイのことが好きで、それでシャンシェイが俺かわいがってるの知ってるから、だから出してくれてるって、俺、わかってんだ」

「お前、飲み過ぎだな。帰ろう」

立ち上がると、

「シャキに行っててくだシャイ。俺、ソバ食べちゃってから帰りまシュ」

もうすっかり伸びきったもやしソバを勢いよく食べ出した。

久世のドラマの出演は続いた。同じ年、『ムー』があり、翌年、『ムー一族』があった。ここでたこはもう少しいい役が来た。細川俊之のやくざの弟分だった。

久世に礼をしに行こうと思ったが、たこの実力で来た役だと思ったのであえてそうするのを止めた。

ただ細川には本番前、

「たこが粗相をするかもわかりませんがよろしく。いろいろ教えてやってください」

一言挨拶しておいた。

「大丈夫ですよ。ぼくが教わることの方が多いし」

ひとまず安心した。

弟分のたこはパリッと着たスーツの細川の少し後ろに立ち、キンキラキンのダボシャツを着て『兄弟仁義』のメロディに乗って唐突に登場する。そしてドラマの舞台になっている足袋屋に来て地主の代理として立ち退きを迫る。

見ていて久世の二人の使い方に感心した。細川がいつしか三枚目に見えてくるのがおかしい。

楽屋でたこから聞いた。

「昨日、細川さんと飲んだんです」

「二人で？」

「そうでシュ。そしたら本番前にどうしてお酒飲むのって聞かれました」

「たこ、なんて答えたんだ」

「怖いからって」

「細川さんなんか言ったか？」

「それは判るよって。ぼくだって本番前は怖いみたいなのはあるからって」

「由利シェンシェイ、俺と細川さん同い年なんです」

それには由利も驚いた。

実は細川とたこは初共演でないことは知っていた。『ムー』の最終回で、細川が行く屋台のおでん屋の親爺役をたこがやったのだ。

細川がおでん屋で感傷的になっていると、たこが雑巾で顔を拭く。すると顔が真っ黒になる。このアイデアも由利が出して、久世がすぐ採用した。細川はリハで吹きだした。

最終回は生番組ということで、ミスは出来ない。誰もが緊張した。本番で細川とたこのシーンになった。スタジオのモニターで見ていた。細川は吹くまいとしているが、結局堪えきれずに下を向いて吹いている。

これなんだよ。俺、こういう笑いが好きなんだ。

「久世ってのはただものじゃない」――あらためて久世に感心した。

打ち上げのとき、細川が話しかけて来たので、

「たこがお世話になりました」

と言うと、

「とんでもないです。お弟子さんのたこさんを台本にあるからって、何度も殴りつけるのは辛かったです」

「大丈夫です。あいつは叩かれ馴れていますから」

「あれ、殴るほうが辛いんです。本当にやりにくかったです」

「気にしないでください。あいつはあいつで勉強になったはずです」

「由利さん、ちょっと聞いていいですか？」

「なんでしょう？」

「あの、たこさん、地方のストリップ小屋に前座で出てませんでしたか？」

「うん、出ていたよ」

「やっぱりあの人だったんだ。ぼくが見たたこさんはストリップの前のシーンで竹刀で思いっきり叩かれるんです」

「それ、たこですよ」

「やっぱり。最初にお会いしたとき、この人どっかで見たことある。って思いましたんで」

久世光彦演出作品は由利がお馴染みのレギュラーだったが、そこにたこを加えてもらったのは正直嬉しかった。久世が由利にたこのことをこんなふうに言ったのが忘れられない。

「たこは他の役者に嫌われるかもしれないですね。馬鹿だからというところをうまく利用してちょっと出て、すぐ引っ込む。あれはたこが賢いからなんですね。賢いところはね、『本気で思いっきり叩いてください』って相手の役者に言うでしょ、そうするとその役者は自分が立てられているように思うんだけど、実はたこが立っているんですね」

たこのことを人に褒められるのは嬉しい。そうなんだよ、久世さんの言う通りだ。あいつは賢いんだよ。人の悪口を言わないし、余計なことも言わない。飲むと滔々と喋るけど、たこが喋ると聞いている方は「たこちゃん、こっちよりちょっと頭が弱い」と思っているだろうけど、とんでもない。たこの方が頭はいいんだよ。

ピンク映画でたこを使って光らせた山本晋也監督とテレビドラマでたこの知名度を上げてくれた久世光彦の二人には感謝してもし足りないなと思っていた。

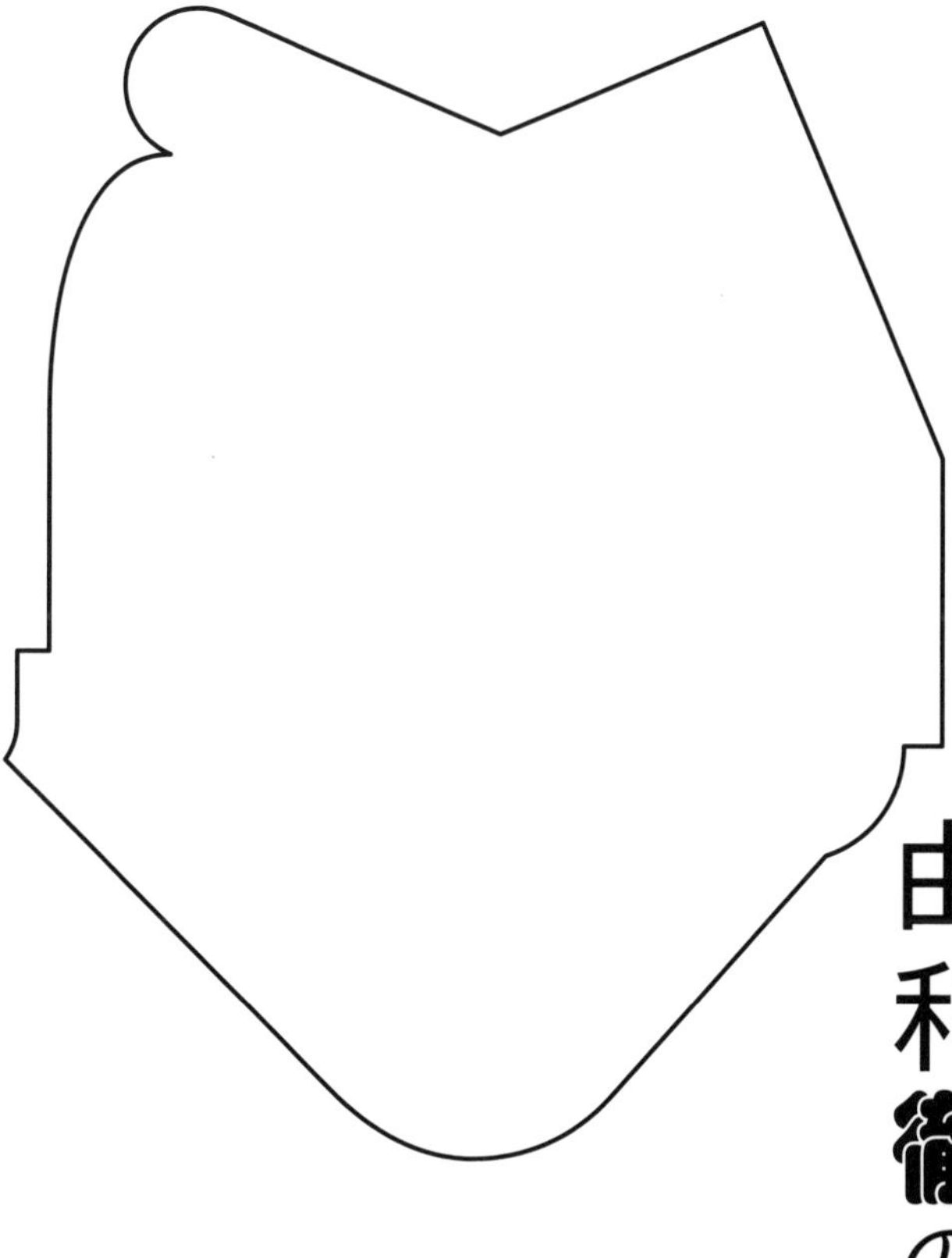

由利徹の時代

1

東宝制作の年末公演の定番だった『雲の上団五郎一座』で由利が初めて団五郎座長を務めたのは昭和五十二年暮の日劇年忘れ爆笑公演『新雲の上団五郎一座』だ。由利自身『雲の上団五郎一座』の長い歴史を認識していたので、団五郎になったときは誇らしい気持ちになった。

テレビや映画では脇役だが、芝居ではやっぱり主役の座長だ。喜劇役者の本来の舞台は映画やテレビでなく劇場だと信じていた由利にとってこの抜擢は嬉しかった。

『団五郎一座』の初演は昭和三十五年十二月の東京宝塚劇場で榎本健一の団五郎座長だ。作・演出は菊田一夫だ。朋友八波むと志が劇中劇『源氏店』で三木のり平の与三郎を徹底的に突っ込む蝙蝠安を演じ菊田のお気に入りになったことでも由利には忘れがたい芝居だ。

のり平＝八波で当った『団五郎一座』は、三十六年には『続』、三十七年には座長不在のままの『吉例・雲の上団五郎一座・御手本忠臣蔵』と続くがこのコンビの出演はここまでだった。その後、エノケン座長で二年公演したがそのまま終わってしまった。原因は絶頂期ののり平＝八波のあの面白さが二人の不在で半減してしまったからだという事実も由利は知っていた。

四十七年から三年間、同じ劇場でフランキー堺が団五郎座長を務め三本が上演された。

そして五十二年、これまで一度も『団五郎一座』に出演していない由利が、舞台を宝塚劇場から日劇に移して澤田隆治演出で団五郎座長を務めたのである。

ここでは佐山俊二と組んで得意の『釣り』をやった。

佐山とも『釣り』とも長い付合いになる。八波むと志のいなくなった脱線トリオで穴埋めをしたのが佐山俊二だった。八波のいた頃も、八波だけ忙しくなって抜ける時は佐山を入れていた。八波の事務所に行った南利明は、名古屋弁が当たったことからテレビのバラエティやCMの仕事も増えて、佐山になった脱線トリオも三人揃うのが難しくなった。

そんな時生まれたのが『釣り』で、佐山と組んだ山崎街道の定九郎と与市兵衛の二人だけのコントだ。元は歌舞伎の仮名手本忠臣蔵の五段目「恩恵の二つ玉」で、そのパロディである。

山崎街道を一人で旅する杖を突いた老人与市兵衛がやってくる。そこへ盗賊に身を窶した斧(くすや)定九郎がくる。

定九郎は逃げる与市兵衛を叩き殺し、縞の財布に入った五十両を奪い取る。これにお軽勘平が絡むのだが、『山崎街道』や『釣り』のタイトルで、由利と佐山の二人のコントにした。これも『江戸っ子と森の石松』同様に二人でできるので舞台ではもちろんキャバレーやちょっとした催しの座興に何度となく持って行った。

由利は定九郎のいでたちが好きだ。黒羽二重の単衣（ひとえ）に白献上の帯、朱鞘の大小を落とし差し、腕をまくって尻からげに白塗りの脚の浪人姿。歌舞伎でも何度も見たし、このスタイルを作り上げた役者を主役にした古典落語『中村仲蔵』も何度も聞いている。

付板に合わせて番傘で顔を隠して小走りで登場し、番傘を閉じて二、三度振って雨の雫を切る。それから柄の方を前に出して、右手の親指と人差指で摘まんでキュッキュッとしごく—このタイミングとどこかいやらしい仕草で客が最初に笑う。それからよくしなる竹の釣竿で釣りをする。糸も針もないが、針に餌をつけて遠く投げようとして針が自分の鼻に引っかかったり股間に引っかかったりというパントマイムで笑わせる。

このコントを通称『釣り』というのもこの絶妙な芸から来ている。

そこに定九郎が現れ物陰に身を隠してから刀を抜いて、逃げる与市兵衛を斬り殺すまで、随所随所に歌舞伎の仕草を入れた。

自分でやっていて実に格好いいと自覚していた。笑いがくる前に登場で拍手が来ることもある。その度に思う。当たり前だ。昨日や今日覚えた芸じゃない。俺には基本と腕があるんだよ。そう自負する。

もう何百回もやっているこの『山崎街道』で、一度だけ大きな失策をしてしまった。定九郎が与市兵衛の喉元を刀で刺す場面で、ライトが目に入って手元が狂った。国際劇場の舞台だった。由利の刀が佐山の眼の辺りに刺さってしまったのだ。

「しまった！」

と思ったときにはもう遅い。佐山の目から血がたらたら流れている。顔が真っ赤に染まっていた。由利は小声で、

「おい、ちょっとカーテン閉めようか？」

すると佐山は気丈にも、

「いいからいいから、こんなに客入ってんだし、最後までやろう」

さすがに佐山は芸人だ。心配することを忘れ佐山のこの態度に感心してしまった。

与市兵衛の芝居は定九郎に殺されてから袖にハケルまでではない。死んだまましばらく舞台に残っていなくてはならない。この後が由利の見せ場になる。殺してから軽く見栄を切り、刀の血糊を払うところで、刀の先っぽを持って小便を切るような仕草をする。ここで笑いだ。死んだ与市兵衛の縞の財布の中身を確かめる。それからそれを持って立ち去ろうとするが、財布が与市兵衛の首にしっかり紐で捲かれていて、引っ張られるから死んでいる体を起こしてしまう。またここで笑い。この紐はゴム紐だから伸びることに気づいた定九郎は、死体から数メートル離れたところまで首に巻いたゴム紐の財布を引っ

張って来て、佐山の股間を狙って手を放す。自分で「パッチン」と名付けたギャグだ。股間に財布を当てられた佐山は死んでいるのにその痛さで思わず体がピクッと動いてしまう。客の笑いは頂点に達している。

結局、怪我のことは客にはまったくばれずに、最後までやり遂げた。国際劇場は舞台が大きいから袖までの距離が遠い。袖に帰る由利にはその距離がいつもの三倍もある程遠かった。佐山の側にいて、看病してやりたいがここは退場しなければ芝居が続かない。刺した場所が目だったら大変なことになる。やっと定式幕が閉まって佐山の元へ飛んで行った。幸い刺さったのは眼の上だった。眉毛の下がパックリ切れていた。

それ以来このコントをやるときは、顔から十センチくらい離して刺す仕草をするようになった。

この年は、最初から奇妙な年でもあった。三月の紀伊國屋ホールの『タモリ・ヴォードヴィル・ウィーク』と、九月の東横劇場の赤塚不二夫の『バカ田大学ギャグ祭』の出演である。

両方とも仕掛け人はNHKの滝大作だ。

滝は、よく行くコマ劇場裏のバー「モルダウ」でコマ劇場の人間に紹介された。森川信の亡くなった直後だった。

「NHKの滝大作と申します。ぼくはセントラルの頃から由利さんのファンでした。その後も脱線トリオを挟んでずーと見せていただいてます」

それから、由利が出た芝居や映画を引き合いに出し、由利のことを絶賛し始めた。『釣り』が好きで何回か覚えていないくらい見たという。

だんだん嬉しくなって、気が付いたら昔の話を喋りまくっていた。その上「笑いとは?」「ギャグとは?」など、普段絶対に口にしないような話をしている自分に気づいた。

「いいなぁ。由利さんは、ほんと、いいなァ。由利さん、いまこそ由利徹の時代ですよ。これから何年も由利さんの時代が続きますよ。だって、エノケンさん、ロッパさん、八波さん、その上、森川さんまで亡くなっちゃった。もう由利さんしかいないじゃないですか。由利徹の時代ですよ」

滝は長々と喋った由利の話をそう言ってまとめた。

帰り際にまだ飲んでいる滝にこう言い残した。

「NHKには出ないからね。俺が出られるような番組ないしね」

ところがそれから一年もしない内に滝にNHKの仕事を振られた。三波伸介が頭で始まった『お笑いオンステージ』だ。番組後半の三波と中村メイコの夫婦のコメディに、その後も何回かゲストで出演するようになった。

2

滝に紹介されたのが高平だ。昭和四十九年だった。

「由利さん、由利さんのインタヴューをしたいって若い男がいるんだけどやってくれる」

NHKの楽屋で滝に言われた。

「いいよ」

翌日、マネージャーの赤塚に言われた。

「『宝島』って雑誌からインタヴューの依頼が来ていますが、どうされます」

「滝さんから聞いてるよ。引受けていいよ」

インタヴューは由利が指定した新宿コマ劇場側の「モルダウ」だった。何となく不安だったこともあってたこ八郎を連れて来た。そこに滝が高平を連れて来た。

インタヴューは由利が岡田座に行った話から始まった。それから東京に出てきて、歌謡学院に行ってムーランに入った話。兵隊時代の話し。

女の話が聞きたいのだとばかり思っていたが、高平は折角女の話を始めたのにメモ用紙に忙しなく動いていた手を止めて話に聞き入る。話が戦後になってムーランがなくなって、帝劇出演、ストリップ劇

場、ヒロポン、ギャグ、脱線トリオ……最後には、酔っ払っていた上に滝大作におだてられ、

「なにも商業演劇じゃなくてもいいんだよ。小さくてもいいよ、劇場があれば。この雑誌でプロデュースしてくれる？　そしたら俺、今まで出来上がった物も全部出すよ。亡くなった森川信さんのお家芸だった『結婚騒動』なんていうのは、本当の軽演劇の粋みたいのがあんだよ」

「やりましょうよ。『仁丹』『レストラン殺人事件』『天丼』とか古典的なのをね」

と滝。

「俺しかない持ちネタでもさ、広沢虎三のレコードに口合わせてやる『森の石松』とか、『医者』とか、もう無数におかしいのがあるんだよ」

商業演劇じゃなくてもいい。あの言葉がタモリや東京ヴォードヴィルショーとの共演や『バカ田大学祭』につながることになるのだ。

東京ヴォードヴィルショーの佐藤B作に会うことになったのは滝と高平に頼まれたためだ。昭和五十一年である。

約束に三十分ほど遅れて、コマの楽屋口のアマンドに入ると、高平がもう少し若い男と二人でいる。

「滝さんは？」

「もうすぐ来ると思うんですけど」

十月だというのにしきりにハンカチで額の汗を拭いている。

「この人？　俺に会いたいって言うのは？」

「いえ違うんです、これは北吉さんと言って東京ヴォードヴィルショーをＶＡＮ９９ホールでプロデュースしている人です。Ｂ作はちょっと遅れるみたいで」

なんだか高平の言うことはさっぱり見えない。そこへ滝が来た。

「やァ、由利さんお久し振りです。あれ？　Ｂ作はどうしたの？」

「少し遅れてるんです。取りあえず場所を変えて始めませんか？」

近くの店に行った。

滝が当たり障りのない話をして、高平がヴォードヴィルショーについて一所懸命解説をしていた。30分ほどしてＢ作が現れた。両膝をきちんと揃え由利と滝に挨拶をした。

「遅れてすいません。ひどい下痢で動けなくなって」

「誰が待ってると思ってるんだ、這ってでも出て来いって言ったんです」

と高平。

「這って来ました」

とB作。

照れ症なのでどうB作に声をかけていいかもわからないので、話しかけてくる滝と会話を続けることにした。

その内気づいた。滝はこっちにあれこれ質問をしている。これをB作に聞かせようとするのが滝の魂胆なんだな。そう気づくと目の前の初対面のB作という男にも気にならなくなった。

「由利ちゃんのさ」

お、由利ちゃんと来たか滝の奴。

「例の医師会の会合の医者をぶん殴ってさ、一日か二日だか休演して、またすぐコマの舞台に出たでしょ。あんとき由利ちゃんが馬引いて花道に現れたあの感動、ああいう感動は一生にそうないだろうね」

確かにそうだ。

「そりゃそうだよ。そりゅあ滝さんより俺の方がもっと感激したよ」

「そりゃま、そうだ。『由利ちゃーん、頑張れよ、俺がついてるぞー』とか声援が飛んでね」

「うん、うん。俺、花道で客席見るとぎっしりなんだよ。その一杯のお客さんが俺のために大拍手だよ。俺ももう我慢できなくなってさ、ありがとうございますって」

滝の目は真赤になって滲んでいる。

「うんうん、いい話しだ」

「そうね、ああいうことがあるから喜劇役者になってよかったと思うんだよ」

なんだか機嫌がよくなって、滝、B作ら四人を連れて顔馴染みのクラブやバーを三軒ほど梯子した。

そこで滝におだてられて、『天丼』『仁丹』『レストラン殺人事件』の三大コントを細かく実演しながら説明してやった。

最後になった店で滝が唐突に言った。

「由利ちゃん、今度ヴォードヴィルの芝居に出なさい。ちゃんと日当払うから」

「ちゃんと払ってくれるの」

「ちゃんと払うよ。おう、B作、由利さんに一日五百円払えるか」

「ええ、払えます……なんとか」

「由利ちゃん、一日五百円だよ」

「うん、十日やれば五千円になるもんな」

「でも、由利ちゃん、三百円ならやらないな」

「あー、三百円じゃやらない。五百円、お札でくんなきゃ」

なんだか滝に乗せられちまった。

さらに滝は急に真面目な顔をして、

「由利ちゃん、これ本当の約束だよ。ちゃんと守ってくれるよな」

「うん、やるよ。一日五百円ね」

「B作!」

「はいッ」

「いま確約取ったからもう大丈夫だぞ」

「ありがとうございます」

高平が、

「由利さん、ともかく一度、連中の芝居見てください。出てもいいなって気がすると思うんです」

由利はちょっとその言葉に引っかかった、すかさず滝の手が高平の頭を思い切り叩いた。

「バカ! バカめ、お前はどうしてそうバカなんだ。バカだなあもう」

バカ一つで一発。高平は四発滝に叩かれた。

「由利ちゃんは、もうそういうことを言うと出たくなくなっちゃうんだから、バカ」

五発目だ。

「あっ俺、そういうこと言われちゃうと出たくなくなっちゃうの」

「バカ！　ほれ、由利さんに謝って、バカ」

高平は自分でも自分の頭を叩いてついでにB作の頭を叩いた。

「ほんとぼくバカなんです。バカバカ」

高平は自分の頭を叩きまたB作の頭を叩いた。

午前一時に解散した。


その翌年の三月にこの話が実現した。タモリという聞いたこともない男がレコードを出す。その発売記念に新宿紀伊国屋ホールで六日間、『タモリ・ヴォードヴィル・ウィーク』というショーが上演される。タモリの助っ人に東京ヴォードヴィルショーが、由利がそのゲストだ。高平の台本（ほん）で滝の演出らしい。一部はヴォードヴィル中心の芝居で、その一場面にタモリと由利が出る。二部はタモリのネタらしい。初めて稽古場でタモリを見た時、何となく、この男はトニー谷の様なボードビリアンだと認識した。

B作に取調室コント『そこ・ここ』を教えて、これを毎日やった。由利の出番はここだけ。タモリとの共演はなかった。取調室のB作の刑事と由利の犯人の二人コントだ。

「そこ座れ」

と刑事。犯人は、

「ここですか」

「そこだよ」

「ここですか」

「この野郎逆らいやがって、そこだよ」

「ここですね」

「いいか、（自分の椅子を指して）じゃ、ここはどこだ」

「そこです」

「（向かいの椅子を指して）そこは、ここだって言ったろ。ここは？」

「そこです」

刑事はじれったくなって、黒板のところに行って、黒板をさし、

「じゃ、ここはどこだ？」

「そこです」

「こっちこい！」

刑事が犯人を自分の椅子のところに連れてくる。

「ここはどこだ」

「ここですよ」

こうしたことを延々と続けて落ちになる。靴の底を指して、

「じゃ、ここは？」

「底です」

それから数か月後、

「由利ちゃん、赤塚不二夫って漫画家知ってるよね」

「ああ、『シェー！』っていうあれだろ。知ってるよ」

「俺も、最近高平に紹介されて週に二回か三回一緒に飲むようになってさ、その席で由利さんの話をしたら是非会いたいってことになってね」

「いいよ、別に」

「この前、トニー谷を紹介してくれって言われたんだけど、トニーさんはああいう人だろ。赤塚さんがファンだファンだっていう度にかたくなになって、実にいやな態度を取ったんだよ。トニーさん帰って

から赤塚さん、悔しいって泣き出したんだよ。由利ちゃんならそういうことないからね」

「俺はファンを大事にするよ。トニーには確かにそういうところがあるかもしれないな」

その翌週、すでに赤塚たちと面識があると聞いたたこ八郎を連れて新宿二丁目の「ひとみ寿司」という寿司屋に行った。通された小部屋で赤塚不二夫に会った。滝と高平もいた。由利は狂喜乱舞して迎えられた。それからどれだけ由利が好きかを聞かされた。

一時間ほど話して、二人の共通点が誰よりも「助平」だということで意気投合した。

それから月に一回か二回、滝と赤塚のグループと飲むようになった。いつもたこが一緒だった。タモリという男とも一緒になった。赤塚に言われて、タモリのネタをいくつか見たが、なにが面白いんだかわからないものがほとんどだった。

ヴォードヴィルの連中も、由利が来ると聞くとよく現れた。

そんな酒席で、赤塚と滝に頼まれた。

「由利さん、ぼく、東横劇場で『バカ田大ギャグ祭』って頼まれたんだけど、由利さん座長になってくれませんか」

なんだかよくわからないけど、マネージャーの赤塚に言ってくれとお茶を濁した。どうせまた一日五百円の口だろう。滝に乗せられたけど、あんなこと言わなきゃよかった。

作家は滝の他は由利が馴れているコマの作家陣で固めた。東京ヴォードヴィルショーが中心になり、由利の一派ではたこを始め、白木みのる、高松しげお、海のかつお等が参加した。

慌ただしいだけの一週間だった。

3

五十三年暮は日劇年忘れ爆笑公演『雲の上団五郎一座』。

五十四年四月、新宿コマで『喜劇水戸黄門漫遊記』。座長は伴淳三郎。花形は由利の風車の弥吉だった。ちょっとした事故で首を痛めた直後だったが、その痛さを隠して思いっきり立ち回りをやった。その立ち回りで客が拍手をすれば、いい気持になってスーッとしゃがんだまま歩いて見せて、また拍手を取った。

七月、名古屋中日劇場で『団五郎一座』を上演し、これを十二月の日劇に持ってきた。『団五郎』、四回目の座長である。

中日劇場は本当に受けた。得意の節劇を婆さん役でやっている途中に、三味線の糸が切れた。弾いていたおばさん、老眼鏡を出して慌てている。仕方がないから、アドリブになった。

「婆ぁまだか？」

アドリブを始める。婆さん姿だったので死んだ設定の亭主の話をし始めた。

「お前さんが二十歳、あたしが十九、ふたつ違いの兄さんが、いい男だったよ。三浦友和なんか問題じゃない。尺八が上手だった」

そう言って、『小諸追分』を歌った。

〽小諸ォ出てみりゃ浅間の山に……

ワン・コーラス歌って、

「だけどお前さん、助平だったね、尺八吹きながら尺八の先の方であたしのおっぱいをグリグリッグリグリッって。あたし歌えなくなって、お前さん早く寝ようよって――三味線できたッ？　よし、次に行こう」

と先へ繋いだ。

俺は本来座長など、性に合わない。面倒くさいし恥ずかしいし大嫌いである。ほんの数年前まで座長には絶対なりたくないと由利は思っていた。花形が好きだったのである。森川信座長の元で、花道から登場すると歓声と拍手が上がる。あれが好きだった。

それが前年の座長で少しその気になった。さらに中日劇場では、昭和三十五年の初回からプロデューサーをやっている佐藤勉の「今度の団五郎は第一回目に匹敵するくらいの面白さ」の言葉に気をよくした。公演も大当たりした。やっと本気で座長の自覚を持った。森川座長の気持ちが少しだけわかるようになった。

それだけに名古屋で座長部屋になる一番大きな部屋に三人で入れられたときは少しばかりむっと来た。この時珍しく佐藤勉に文句を言った。

「俺には出番が十八もある。それに比べて他の二人は六つか八つだ。着替えも多い。憩いの場所くらいつくってもらわないとね」

自分なりの座長の気苦労も多かった。万一何か事件が起きると、座長の責任になる。

佐藤からは、

「由利ちゃん、公演中は人前でポーカーやらないでくれよ」

中日劇場でも日劇でも一度もポーカーをやらなかった。

暮れの日劇公演の前に、初の宝塚劇場出演があった。しかも共演は三十年ぶりの森繁久彌である。森繁が葛飾北斎、由利が滝沢馬琴の『赤富士』だ。

この出演依頼をしたのは久世光彦である。食事の席で森繁に、

「馬琴の役が決まってない。誰かいないか？」

と言われた久世が由利の名前を出したところ、森繁が乗った。そこで久世がその場で由利に出演依頼の電話をしたのだ。

「出演します」

と即答した。

第一幕、第一場『待乳やまの落ち葉』―完成初年頃秋十月の末― 森繁扮する後の北斎、勝川春朗と由利の滝沢馬琴の出会いが早々とある。売れない絵師で唐辛子を売り歩く春朗が魚売りに馬鹿扱いされる。怒って魚売りの魚をまき散らす。それが馬琴に当たる。

「本日は天中殺か」

由利の笑いを期待している客はここでまず笑う。次の瞬間、森繁が唐辛子売りの団扇太鼓をリズミカルに叩く。由利がそのリズムに乗って、まるで手品師のように懐からさっき投げられた鰻を出す。笑わせどころはここまでだ。後は真面目な芝居が続く。

第三幕、第一場『浦賀の浜辺』―

ここが二人のたっぷりとした見せ場になる。

馬琴は七〇歳を越えて目がよく見えない。浜辺で焼いた魚と間違えて薪木を食べてしまう。森繁が歌うと由利が薪の木琴を叩く。由利は本物の木琴を叩いてもらったのをカセットに吹き込み、正確に木琴の鍵盤を叩く練習をしていた。

五十四年暮に二〇周年記念爆笑公演『雲の上団五郎一座』と続いた。この公演が『団五郎一座』の最後になるので、いつもの『釣り』もやったが、佐山と新しいコントにも挑んだ。それが新派の『明治一代女』のパロディ『人力車』だ。

由利が浜町河岸の芸者を乗せて人力車を引いて登場する。そのまま引っ込んでまた出てくる。そこに佐山の芸者お梅が登場。

「己之吉（みの）さん、本当にあんたって人はひどい人ね。あたしって女がいながらあんな女に！　畜生！　あたし、あの人力車に乗っけておくれよ」

「駄目だよ。冗談じゃないよ、これはロールスロイスの会社から部品取り寄せて組み立てた新車だから」

「そりゃ冷たいわね。ひどいわね。なによ、あんたあたしんとこ来たとき、あたしの床へ黙って入ってきて、やだやだっていうの無理やり犯しやがって」

「あっ、人聞きの悪いこと言うなよ。冗談じゃないよ。この辺に下宿ないかって探しに言ったら、あたしんとこの下が空いてるわなんて。遅いから泊ってけって。夜、眠って気が付いたら、どうも重いなと思ったら手前ェじゃないか。とうとうお前に犯されてさ、どうしても一緒になってくれって言うからさ、歳聞いたら四十八だって言うんだよ。で、翌日、区役所に歳聞きに行ったら、お前七十二歳だっていうじゃないか」

それでもどうしても人力車に乗せてくれとお梅が言うので、「あの車は乗せられない。ほら、こっちィ来て」と言って二人で人力車をやる。佐山を四つん這いにさせ、裾をめくって足を梶棒にして人力車の形になる。「あらよ」と言いながら、佐山の足を見て、

「お客さん、見てよ、この足、この針金みたいな足、これが足か」

佐山の足を見せただけで笑いが来た。

この年の夏、最近よく行く赤塚や滝との「ひとみ」での飲み会で高平に言われた。

「由利さん、これまでのことを『新劇』という雑誌に連載しませんか？　二年後くらいに一冊の本になりますから。ぼくが毎月このメンバーと一緒にインタヴューしますから」

正直、面倒くさいと思った。毎月高平にインタヴューされるのはきっと苦痛になるだろうな。

「そりゃまぁ、俺にはいっぱいおかしな話があるしさ、女の話だけでも笑える話が多いけどな」

「女の話はあまりいらないんです。ムーランに入って、それからストリップ劇場に出て脱線トリオを結

成して、映画や舞台で素晴らしい業績を積んでいる由利徹のこれまでのことを残しておきたいんです」

いよいよ面倒くさそうだ。猥談なら腐るほどある。だが、喜劇だとか笑いだとか真面目に話すのは嫌だ。素面じゃ照れてそんな話ができるわけがない。

「そうね……」

乗り気じゃないな、俺は。

「おっ、由利さん、乗り気じゃないねぇ。困ったな、髙平」

滝が由利の顔色を読んでくれた。

「前に『宝島』でやったインタヴューを『新劇』の人に見せたら、その企画が通っちゃったんです」

企画が通ったって、俺が引き受けたわけじゃないだろうが。

「由利さん、髙平の話引き受けてやってよ。滝さんも俺も由利さんの話を聞きたいしさ。飲みながらやろうかって。毎月会えるじゃない」

赤塚が髙平に助け舟を出す。まぁいいか。月一、赤塚と滝と酒が一緒なら。

「いつからやるの」

「引き受けていただければ、来週か再来週からでも」

「いいよ。赤塚に言っといて」

赤塚不二夫は知り合って二年ほどだが、マネージャーの赤塚行男とはもう何十年にもなる。あいつは、俺が方波見プロに入った後に社員として入社した。脱線トリオの人気が絶頂の時だ。方波見プロが解散して、由利は、武智豊子とたこ八郎の三人で独立した。この時、赤塚を連れてきたのだ。

「わーい」

と喜んだのは、知り合って二年の方の赤塚だった。

八月から毎月一回のペースで高平に会った。月一のインタヴューには赤塚か滝のどちらかが必ず同席した。

この年の暮れ、日本テレビで赤塚不二夫の『発表!輝け　爆笑ニュース大賞』にタモリ、所ジョージ、小松正夫、チャンバラトリオ、研ナオコらと出演した。

暮れには山本晋也監督の日活ロマンポルノにも出演した。滝と高平の台本で赤塚不二夫のギャグ・ポルノ『気分を出してもう一度』だ。これも滝と赤塚におだてられて医者と患者と看護婦のコントをやった。日劇が終わってからの、場末の産婦人科の手術室での撮影だった。

4

五十五年九月は植木等と谷啓主演の『極楽等物語』（新宿コマ劇場）に特別出演した。二十年以上前に宝塚劇場で、菊田一夫演出、有島一郎と三木のり平の主演だった。由利のマキニ酋長は初演にはなかった役だ。いや、あったのかもしれなかったが大した役じゃなかったのでプロデューサーがそう口を濁したのだ。由利の楽屋はいつもなら座長部屋になるはずの部屋だ。劇場側がそれくらいの考慮をするのは当たり前だと思った。

伴淳三郎が死んだのは十月だった。

ロケで飛騨の高山にいた。明日は東京に帰るというその日、事務所の赤塚から電話があった。

「由利さん、伴さんの体の調子が悪いのは知ってますね？」

「何かあったのか？」

「そんな急な話じゃないんですけど、北海道の県人会でやる花笠踊り、伴さんの代わりに行ってくれないでしょうか」

「帰ってすぐ北海道かよ。まあ伴さんのピンチヒッターならしょうがねえなァ。いいよ、行くよ」

東京へ帰って伴の見舞いに行く暇もなく、すぐその足で北海道に飛んだ。仕事を無事終えて羽田空港

に降りたら赤塚が迎えに来ている。珍しいことがあるもんだと思っていると、

「伴さん、かなり悪いんだよ。危篤状態……」

「えっ……」

すぐに病院まで車を飛ばした。病室前の廊下は報道陣でごった返していた。顔見知りのレポーターに言われた。

「伴さん、いま息を引き取ったところです」

「え、どこにいるの？」

「いま、解剖室に運ばれて行きました。すぐ戻っていらっしゃるみたいですよ」

由利は廊下のベンチで伴の帰りを待った。

伴が戻ってきた。由利は伴にしがみついていた。

「最後まで俺に苦労かけやがって。このやろー。このやろー」

まったくいやんなっちゃうな。

二十六日に伴が亡くなって、通夜、葬式、伴の出演番組の代役など忙しい日が続いた。

ずっと後になって、浅草に伴の碑が建てられた。由利もその除幕式に呼ばれた。喜劇人協会会長の曾我廼家明蝶が出席できず、副会長の由利が挨拶をした。

ちゃんと碑に伴淳三郎の名前が刻んであった。淀橋太郎がその碑に向かって何やらムニャムニャ拝んでいた。よく見ると裏側の建立者たちの名前に向かって拝んでいる。

「淀さん、喜劇人の名前は表だよ」

「ああそうかい。どっちから拝んでも同じだよ」

淀さんらしいなと微笑んだ。

伴さんが生前こんなことを言っていたのだ。

「由利ちゃん、浅草辺りに『喜劇人の碑』というのを建てておくれよ。喜劇人というのは死んでもなーんにも残らないから。それと喜劇作家もね。だからさ、それに名前を刻んでもらえば、俺も由利ちゃんも未来永劫残るんだから」

俺の名前も刻まれるのかな。

十二月、三年目になる団五郎一座は日劇閉鎖のあおりを食らって中止になり、浅草国際劇場で『爆笑大忠臣蔵』の座長を務めることになった。なんと総勢八〇人。座長も大変だ。作演出の淀橋太郎が言うには、国際劇場は映画のアトラクションとしての喜劇公演は何十回とあるが、喜劇一本立は今回が初めてになるらしい。悪い気はしない。

自分のアイデアで大石主税は女優にやらせた。由利は大石主税に「一緒に寝よう」と布団に潜り込んだり、主税が風呂に入るとのぞきに行ったりすると客は女だと知っているから受けるはずだ。

大石が按摩に変装して衝立の向こうに寝る女の裾をまくって客席を見てニヤッとする。

大石が女に『今夜来ておくれ』と言われて、夜這いをする。すると布団で寝ていたのが佐山のばあやで「なんか茄子みたいなのがある?」と客に言う。

却下されたギャグのアイデアもあったが、黒澤明の『影武者』のパロディは通った。

この年の暮れも赤塚たちの『発表!輝け 爆笑ニュース大賞』に出演した。

翌年、インタヴューが終了し、『由利徹が行く』が出版された。

この年から、タモリの『今夜は最高!』に毎年数回出演するようになった。赤塚たちの飲み会も毎月ではなくなったが欠かせない習慣になった。


五十八年、石巻市から市民栄誉賞受賞の話が来た。賞など縁のなかった由利だっただけに少しだけ誇らしい気になった。授賞式は四月一日だった。

はな太郎を連れて久し振りの石巻に行った。駅に着くと市の職員だとかが迎えに来ている。そのまま商工会議所に案内された。

「この度はどうも……」

かなんか言われたが、こっちも、

「いやいやこちらこそ、ありがとうございます」

といった当たり障りのない挨拶を終えて、市が取ってくれたホテルに向かう途中、知り合いの佐藤医院に立ち寄ることにした。

「ホテルはお判りになりますか?」

場所は知っていた。

「では、タクシーをお呼びします」

てっきり病院からホテルまで、駅に迎えに来ていた職員が同行するものと思っていた。ところが玄関まで送りに来てそれきりだ。ホテルのロビーで待っているのかと思ったがそこにもいない。仕方がないから自分でチェックインをした。

それから何の連絡も来ない。ははーん、今日は四月一日—エイプリール・フールで、これは『ドッキリ・カメラ』だな。ま、なるようになるか。部屋のベッドに寝転がりテレビを見ていると電話が鳴った。

「市のものですが、そろそろ授賞式のお時間で。ロビーで待っとります」

おいでなすった、ドッキリ隊が。

ホテル前に小さめの国産車が待っていた。どうせドッキリなら、もう少し大きめの外車で迎えにくりゃいいのに。ドアを自分で開けて先に乗った。はなも乗って自分でドアを閉めた。

会場に着いてはながドアを開けて降りた瞬間、ブラス・バンドと鼓笛隊が演奏を始めた。そして大拍手が起きたが、すぐ止んだ。

「あれっ？　違うんじゃないか」

という間だった。そこで由利が下りた。再びの拍手。「由利先生おめでとう」の垂れ幕。結構、凝ったことをやりやがる、ドッキリ隊は。

軽い気持ちで会場に入った。ロビーで県知事と地元の代議士だという男などを紹介された。本物か？　客席を見て驚いた。超満員なのだ。半纏を着た消防士たちも並んでいる。ドッキリ隊、金かけたじゃないか。

促されて壇上に上がった。ＮＨＫのカメラが目に入ったが、ドッキリらしいカメラはどこにもない。本物だ！　その途端に体が震えだした。石巻の学校行ってもビリで、警察に補導されたりした俺が、市からそんなものを貰うなんて……

「ご挨拶を」

「あ、はい……この度、市から栄誉賞をいただいた由利徹です」

ふと隣を見ると、はな太郎が並んで立っている。なんだ、こいつ。小さい声で言った。

「何で一緒に乗っかってんだよ。先行って入口で待ってろ」

はながいなくなったので、挨拶を続けた。自分でももう何を言っているかわからない。そろそろまとめに入ろう。

「今後ともよろしくお願いします。これからも市のPRは絶対忘れませんから」

ここでやめておけばいいのに、持ち前の茶目っ気が出た。

「オシャマンベ」

ささやかな笑い声を黙らせるような野次が飛んだ。

「長万部は北海道だべ！」

言うんじゃなかったと思った。

5

佐山の妻から電話があった。

「いま救急病院にいるんです」

「えっどうして？」

「うちの旦那が……」

「佐山ちゃんがどうしたんだい？」

「由利さんに会いたがって泣いているんです。すいません。すぐ来て下さい」

取るものも取りあえず病院に飛んで行った。ベッドにいる佐山の顔はパンダみたいに膨れ上がってい
た。一瞬、目を疑った。数時間前まで一緒に飲んでいた相手だ。

「明日は四国で仕事があるから」

と言って別れたばかりじゃないか。

傍にいた医者に廊下に呼ばれた。

「なにがあったんです？」

「階段から足を踏み外して下まで落ちられたんだそうです」

佐山の妻が補足した。

「夜中におしっこに行こうとしたんですね。そしたら階段踏み外して落っこっちゃったんです。ドーン
という大きな音が下でしたんで、わたしと息子が飛び起きて下に行ったんです。そしたら、佐山が目を
白黒させて鼻血を出して倒れていたんです。すぐ救急車を呼んで。救急車に乗せようとしたらじゃーっ

とおしっこを漏らして。寝巻なんかもうびしょびしょで」

さっきまで一緒に飲んでいた佐山を見ていただけにショックで相槌も打てない。

「このままじゃ風邪ひいちゃうから、寝間着を脱がして下着を替えようとしたんです。そしたら佐山が気づいて『やめろ！　こんなところで犯そうってのかよ』って」

妻は笑った。それで少し安心した。

「とにかく新しい下着着せて、ここまで連れて来たんですけど、どうしていいか判らないんで由利さんにこんな夜分電話してしまって」

病室から看護婦が出てきた。

「患者さん、目が覚められたようです」

佐山の妻と病室に引き返した。

「来てくれたの」

「大丈夫か」

「大丈夫じゃないみたいだけどさ、由利ちゃん、俺ね、しっかりした人に看取って貰わなきゃ、死んでも死にきれないよ。来てくれたんだ。ありがとう」

吹き出しそうになった。これくらいで死ぬわけがない。傍らの妻を見ると呆れ顔をしている。

「なにを言ってんのよ。バカバカしい。この人は子供より始末におえないんですよ。痛い痛いって言うんで先生が注射をしようとしたら、止めろ、止めろって大暴れするんですよ。一体、どういうつもりなんでしょうねえ」

「だって、注射打って俺を記憶喪失にさせるんだと思ってさ」

「『俺が記憶をなくしたら一体どうするんだ!』ってものすごい剣幕で怒ったんですよ」

「由利ちゃん、俺ね、一昨日の晩テレビで『スパイ大作戦』を見てさ」

「俺も見たよ」

「女が注射されるだろう」

「ああ、あれか」

納得がいった。注射をされて記憶喪失になるというシーンがあった。

「怖いなーと思ってたんでさ」

「さっきの先生、軍医上がりの人で、有無を言わさずぎゅっと押えて痛み止めを打ってくれたんです。睡眠薬の入った。それで急に静かになって寝たんですよ」

佐山の騒ぎを想像すると思わず笑いそうになった。でもこんな場所でこんな時間に見舞いに来て笑えるもんでもない。病人は励まさなくちゃいけない。

「しっかりしろよ。大丈夫そうじゃないか」

「いや、駄目かもしれない」

「なに言ってんだよ」

「だからさ、どうせ死ぬんなら、由利ちゃんみたいにしっかりした人に看取ってもらいたいんだ」

「まだそんなこと言ってんのか。奥さんだってちゃんとついてくれてるじゃないか」

「駄目、駄目、こいつが一番おっかないんだ」

「どうして?」

「こいつは俺の生命保険を狙ってるんだよ」

すかさず、

「馬鹿なこと言わないでよ。あれっぽっちの生命保険で。お葬式出したらおしまいじゃないの。死に方だって、もう少しましな死に方してよ、みっともない」

二人の漫才みたいな会話になんだか安心した。

昭和五十九年一月十五日だった。由利座長の名古屋の中日劇場だ。芝居がはねて佐山は妻と二人で飲みに出た。雪が降っていたので佐山は帽子を深く被っていた。楽屋口までは由利も一緒だった。

佐山は飲み屋を五、六軒回ってホテルに戻った。部屋で裸になると、

「トイレ行ってくる」

トイレがバカに長い。五十分は経っている。さすがに不審に思った妻がトイレのドアまで行き声をかけた。

「パパ？」

返事がない。ドアに耳を寄せると中で鼾が聞こえる。

「寝ちゃ駄目よ」

そこで由利の部屋に電話がきたのだ。

「佐山がトイレで鼾をかいているんです」

まずい！と思った。佐山の部屋に行ってすぐ救急車を呼んだ。もちろん自分も同行した。

病院に行っても日曜日なので医者がいない。インターンが四人いた。

「どうしますか？　今の状態は助かるとも何とも言い難い。もしあれなら大きい病院手配して手術しますが……してもこの状態だと植物人間……このままでも明日まで持つか判りません」

佐山の妻が考えているので、

「明日までこのまま待ってないで、大きな病院に連れて行って手術してもらいなさい」

手配してもらった病院に移動しすぐ手術になった。

翌日、佐山の代役に茶川一郎を立て、無事舞台が終了してからすぐ病院に直行した。病室のベッドにいる佐山はもう蝋人形のようだった。酸素吸入で心臓は機械が動かしていた。こりゃ駄目だなと思った。

それでも何とか佐山は病院で生きていた。

三十日、楽日の朝早く佐山のところに行くと医者が、

「もういつでも機械を外せば心臓は止まりますが……」

劇場に戻った途端の電話で佐山の死を確認した。

遺体はそのまま東京に運ばれその晩が通夜で一月三十一日が葬儀になった。

由利は二月一日初日の千昌夫公演がある梅田コマに直行した。三十一日の舞台稽古を追えてホテルに戻りテレビをつけた。

佐山の葬儀を終えて、取材された玉川良一が悲痛な面持ちで、

「いちばん仲のいい由利ちゃんが来ないいんだよなァ」

腹が立ったのでテレビに向かって怒鳴ってやった。

「冗談じゃねえ。俺は契約でどうしても今日こっちに来なきゃならなかったんだよ！　佐山ちゃんなら判ってくれるんだよ！」

佐山俊二享年六十五歳。由利の三つ上だった。

6

佐山俊二が亡くなった昭和五十九年の春、由利も死ぬ思いをした。

『満員御礼！三波伸介一座』というタイトルのテレビのマゲモノコメディの公開番組だった。収録場所は浅草公会堂。由利の役は乞食の親分。

本番前のリハーサルが始まった。人から追われた乞食の親分の由利が座棺の中に隠れるという場面だった。

パタッと蓋が閉まる。すると座棺底がなくて、下にあるセリが下がってゆく。後で蓋を開けると由利がいなくなってもぬけの殻という設定だ。追いかけてきた連中が蓋を取って座棺の中を客席に見せて、

「あれいないよ。あの野郎どこへ逃げやがったんだ」

その台詞の時は、そのまま下に下がって白装束に着替えてスタンバイしている。芝居の進行に従って、またセリに乗って上がっていく段取りになっている。

舞台では、

「今、目の前でこん中入ったのに、どうしたってんだ」

「いや、それが本当に消えちまったんでさあ」

「まったくどこ行きやがったんだ」

その台詞がきっかけで、セリで押し上げられた死体に扮した由利が座棺の蓋を持ち上げ、

「ここにいるよ！」

みんなびっくりし仰天してドーンとひっくり返る。というのをリハでやった。これをピタッと決めるのはタイミングが大事で、下から合図を送り、上でセリのスイッチを押すようになっている。

着替えも終わりスタンバイOKだったから上に合図を送った。上でスイッチが押されてズーンとセリがゆっくり上昇し始めた。

上がって行くセリの中でヒョイと上を見て驚いた。

「ウワァ！」

開いているはずの座棺の底の蓋がふさがっている。

「助けてくれ！」

いくら叫んでも駄目だ。舞台とセリの間だから誰にも聞こえない。逃げようにも逃げる場がない。座ってることはもうできなくなって横になったそれでももう肩が当たっている。すぐ上向きになり顔を横に

した。

「ああ、もうだめだ」

セリはゆっくり確実に上昇していく。もう助からない！――後々、由利は思う。

あの恐怖と絶望は絶対言いあらわせない。

メリメリメリッ！

という音と同時に「ボキボキボキッ！」という肋骨の折れていく音が聞こえたような気がした。目の前が真っ赤になった。それから茶色の汚い色――いわゆるドドメ色になり気絶した。

そのまま完全に押しつぶされる瞬間、セリが止まった。

事故防止に備えて、セリと舞台が三十センチになったところで停止するようになっている。そんなわけでかろうじて頭だけは潰されなかった。横向きにした顔で、

「ウォーウォー」

と唸り声を上げた。その声に舞台にいた芦屋雁之助が気づいた。

「ちょっと待って、何か変な音がするよ」

気絶して朦朧とした頭のどこかでそんな声が聞こえた気がした。

「セリを下げろ！」

セリが下ろされ下に着いた。下にいたスタッフや出演者たちは驚いた。耳から血を出して死んだように動かない由利がいた。

「センパーイ、センパーイ！」

泣きながら叫ぶ声が聞こえた。三波伸介の声だ。薄目を開けてみると上の方で何やら神様だの鬼だのがヒソヒソ話をしている。

「こりゃダメだ。耳から血を流している。助かりゃしないさ」

下から上をもう一度見上げると、丸い大きな穴が見える。そこから皆の顔が下を見ている。まるで天上から地獄を覗いているようだ。

なんだか気持ちがいい。今度は目の前に薄い若草色の平原が広がり、それがピンク色の花壇に変わってゆく。そしてスカイブルーのどこまでも透き通る空。

「センパイ、死なないでください！」

大きな顔だな。三波ちゃんだな。なんで俺の白装束の下のシャツをハサミで切り裂いているんだよ。

遠くで鳴る「ピーポーピーポー」というサイレンの音が由利の耳にかすかに聞こえた。

横になった自分の体が移動されているのが判った。公開放送を見に来た客たちの顔が上をどんどん通り過ぎて行く。何気なく自分の首に触れてみた。頭がまた少しはっきりとしてきた。

「なんだこれ、俺の首か？」

触った感じでは首が三倍ほどの太さになっている。恐怖と緊張で首筋の血管が緊張して太くなったんだと、後から医者に聞かされた。

病院に着いたとき、意識は完全に戻っていた。肋骨が三本折れていた。

手当てを受けて頭を包帯でぐるぐる巻きにし、胸にも包帯を巻いてその上をサポーターが覆っていた。

病院の控室にいた時はもうしゃんとしていた。局の連中がベッドを囲むようにして、

「由利さん、外じゃ報道陣でいっぱいなんです。なるべく報道陣と会わないで頂けるでしょうか」

「新番組なんで私たちも絶対当てたいんです。これが事件としていろいろ報道されると、いろんな問題が起きてきます」

「出来れば事故のことに関して、何も喋らないで頂けるでしょうか」

「お医者さまから聞いたんですけど、入院しないでもよさそうなんです。番組収録中に事故があったと報道されると新番組がポシャッてしまうんです」

三波ちゃんの新番組だしな。成功させてやりたいし……。局の連中と一緒にそのまま地下駐車場に下り、車で浅草公会堂に戻った。

乞食の役だから頭にいろんなものを乗っけたりして包帯を隠した。無事に舞台を済ませ収録は終了し

た。

翌日、池尻大橋の古畑病院に行った。三軒茶屋の居酒屋で客に絡まれて殴ってしまったあの時、一緒に飲んでいた古畑先生だ。

「由利さん。大事を取っていますぐ入院しなさい。頭は恐いからね」

「先生、いますぐ入院しろと言われても……弟子はいるし、いろいろと面倒なことも多いんで家で寝てますから」

「仕方ないなぁ。じゃあこっちから時々往診してやろう」

しばらく自宅療養を決めた。奥の座敷に布団を取り、そこで寝ていた。大勢の人たちが見舞いに来た。

真っ先に来たのは三波伸介だった。

「大丈夫ですか、先輩。先輩、これ好きでしたよね。元気になったら飲んでくださいね。これを早く飲めるように元気になってください」

そう言って三波は泣き崩れた。

「ありがとう、三波ちゃん、本当にありがとう」

「先輩。お大事に」

三波のお見舞いはバレンタインの一七年半ダースだった。

局からの口止めもあるし、仲間にも怪我の報告はしていなかった。どこで聞いたか南利明も見舞いにやってきた。いきなり枕元に座り手をついてポロポロ泣き出した。

「どうしてこんなことになったんだよう。死んじゃいやだよぉ」

「なにを言ってんだ、バカ」

「あーん、死んじゃ駄目だよう」

「おい、南、よせったら。死ぬわけねえじゃねえか」

三波はそれからしばらく、まるで由利の臨終の席に立ち会ったようにワンワン泣いた。それを見て思った。俺って人間もこいつにとっちゃあ大事な人間なんだなあ。

座敷では五人、十人と集まった弟子たちが由利のことでああでもないこうでもないと大騒ぎしている。しょうがねえな、こいつら。酒も飲まずに俺のことでこんなに大騒ぎしやがって。

小便から戻って茶の間に顔を出した。

「なにか飲めよ」

「飲めって……いいんですか?」

「いいから飲めよ」

そのまま決まっているいつもの席に腰を下ろした。弟子たちは遠慮なく飲み始めた。そのうち大宴会になった。それを見ていたらこっちだって飲みたくなる。

「おい、俺に水割り作ってくれよ」

「いや、駄目でシュ。シェンシェイはもう死にかけてますから」

たこが偉そうな口を利く。なにを言ってやがる。俺の体を心配するなら酒なんか飲まないで心配そうにしてろって。さんざっぱら酔っ払ってオダ上げてやがって。

「いいから、三波ちゃんが持ってきたウィスキー持って来いって」

水割りを二、三杯飲んでいい気持になった。小便に行こうと立ち上がろうとしたら、肋骨部分がきしむ。

「アイテテテテ」

「ほらね、だから飲むなって言ったでしょう」

「うるせえ、たこ！」

旨い旨いと飲んでいたら一人で半分ほど空けていた。

傷の方もしばらくするうちにケロッと治ってしまった。だが脊椎の横の骨はなかなかつながらなかった。これを手術すると神経に悪い影響が出るかもしれないと先生が言うのでそのままほっておくことにした。それもしばらくすると固まったようだ。

由利の怪我が原因だったわけでもないが番組はワン・クールも持たずに終了した。時々思う。あのとき見たスカイブルーは天国だったのかなぁ。

7

昭和六十年七月二十四日の朝、食事も終わってテレビを見ていると。

「外波山（文明）さんから電話よ」

「こんなに早くからなんだ」

「なんだか急いでいるみたい」

外波山は「はみ出し劇場」という劇団で花園神社などでテント芝居をしている。たこはその芝居に出たりしていて、たこに外波山を紹介された。以来一緒に飲むようになり、コマ劇場の由利が座長の芝居などではたこと一緒に外波山を出演させたりしていた。

由利は電話に出た。

「あっ由利さん……たこちゃんが……亡くなりました」

「……」

由利は絶句した。

「真鶴の海水浴場で心臓麻痺でした」

時計を見るともうすぐ十一時になるところだった。聞けば昨日の夜中の二時過ぎに何人かで車で真鶴の海水浴場に行ったらしい。それまでもたこは大分飲んでいたが、着いてからも少し飲んで仮眠を取った。

目を覚ますとすぐに海に入った。真鶴は遠浅だからかなり奥に行ってもたこの下半身まで水は来ていなかった。外波山たちが見ている前でたこは急に崩れるように倒れた。

全員が一斉にたこに向かって海を走った。皆で砂浜に上げたときはもう息が途絶えていたらしい。たこの通夜ではみんなが泣いた。由利はもちろん赤塚不二夫も高平も泣いていた。赤塚が外波山に喰ってかかった。

「お前が海に連れてかなかったらたこは死ななかったんだぞ！　馬鹿野郎！」

赤塚が外波山の頭を何度も殴っていた。外波山は殴られるままになっていた。

菅原文太が言った。

「こんなに男が泣く通夜は初めてだ。泣くなって。たこを笑って送ってやろうぜ」

その言葉で逆にあちこちから嗚咽やすすり泣きが起きた。

赤塚もだいぶ冷静になってぽつぽつとたこの話をし始めた。

「由利さん、あの話してくれない？　たこが木から落ちた話」

「あいつとさ、部屋で焼酎を飲んでたんだよ。俺んとこの紅葉の枝が伸びすぎて屋根をカラカラって擦るんだよ。たこに、呑んでない時、あの枝切ってくれよってさ。俺先に寝たんだよ。しばらくしたらうめき声がするから、何だろうと起きたら、たこが縁側のところで斜めになっている。『どうしたの？』『先生が枝切れって言ったから……』──よく聞いたら上の細い枝につかまって、乗っかっている部分を切っちゃったんだよ。たこが木から落ちるってさ」

赤塚が「わーん」と泣き出した。

葬式でも自分も赤塚も高平も、泣きながら弔辞を読むのでなにを言いたいのか弔客にはわからなかったかもしれない。

たこが亡くなる前に、たこと二人で奴の実家に行っている。

末の弟が自分のところの田んぼを埋め立てて、でっかいスナックというか居酒屋をやっていた。周りが田んぼのままでそこだけが煌々としていた。そこへ突然地元のやくざが入ってきて、

「おい、やってんじゃねえか。一杯注いでくれよ。別にさ、金たかりにきたんじゃねえけどよ」

そう粋がっていたやくざが由利を見つけた。

「すいません。お客さん、由利先生ですか？」

すかさずたこの弟が、

「なにィ、関係ねえじゃねえか、ちょっとお客さん」

と外にそのやくざを連れだした。十秒ほどして戻ってきた。

「先生、あいつ帰りましたから」

外を見たら、そのやくざが寝ている。そうだ、この男も元ボクサーだったんだ。

由利が実家に戻ると、たこは本家でひっくり返って寝ていた。一時間ほど前に先に酔っ払いすぎたので妹が連れて帰ったのだ。

東京のはみ出し劇場の稽古場でやった葬儀とは別に、仙台で本葬をした。赤塚と山本晋也も来てくれた。

九十いくつだかの坊さんが来た。ボケているもんだからお経を上げているときなんだかうやむやになる。その度にたこの父親が坊主を突く。

「ちゃんとやれ！」

挙句、寝てしまっている。

「おい、どうしたの、おい！」

しきりに起こす。すると始めからお経を読みだす。

「おい、ちゃんとやってくれる？　後で飲ますからさ。お布施もよけい出してやるから」

最初自分の膝をつねって笑いをこらえた。山本監督を見ると彼も笑いをこらえている。朝から酒を飲んでいた赤塚は半分寝ていた。


昭和六十二年、久し振りのドラマ以外のテレビのレギュラーが決まった。11PMという昔大橋巨泉がやっていた番組だ。なんと司会は、由利と所ジョージと松金よね子、それに斎藤晴彦という役者だそうだ。話を持ってきたのは日本テレビで『発表！輝け　爆笑ニュース大賞』や『今夜は最高！』をやっている矢野ディレクターだった。

司会は初めてに近いが、所と斎藤と松金がうまく進行してくれるから由利は馬鹿っ話をしているだけでよかった。

毎回、美女対談があるからということで期待したが、最初の対談相手の美女は不思議な顔が売りの若手女優だった。思わず由利は、

「ほら猥歌であんだろ、ハンカチかぶせてせにゃならぬって」

と言ってしまってから少しだけ慌てた。セクハラが話題になり始めたころだったからだ。

それでも番組は一年続いた。

平静の時代

1

時代は昭和から平成になった。

平成三年四月、日本喜劇人協会会長に就任した。

社団法人・日本喜劇人協会は、昭和二十九年一月、舞台喜劇を復活させることが目的で、喜劇役者が集まって創立させた。初代会長は榎本健一、副会長に古川緑波《ろっぱ》と柳家金語楼、二代目が金語楼、以下、森繁久彌、曾我廼家明蝶、三木のり平、森光子、七代目が由利徹になる。

面倒臭いからと最初は断っていたが、森光子らの説得に負けて引き受けることになった。

日本喜劇人協会会長か。俺が偉くなったのか、喜劇人協会会長の役職が軽くなったのか。どちらでもよかった。そろそろ落ち着かなくちゃいけない年代に入ったのかなぁ。由利にとっては平成の時代は平静の時代になりそうだ。

その翌年十一月に芸能生活五〇周年を迎えて、京王プラザで記念パーティが開かれた。

そして平成五年四月、勲四等瑞宝章《ずいほうしょう》を受章する。

市民栄誉賞であれだけ舞い上がっただけに、この受賞にも驚いた。

まずは二月に喜劇人協会から電話があった。

「由利先生！　瑞宝章が決まりました」

もちろん信用しなかった。助平なことばかりやってきた俺みたいな人間に勲章なんてくれるはずがない。

それに前後してかかってきた電話の主は代議士と名乗った。

電話に出て声を聞いたら橋達也だ。

「橋、ふざけんなよ」

「橋って何ですか？」

橋達也じゃなかった。

「えっ？」

「瑞宝章決まりましたよ」

電話口を抑えて、側にいた妻に、

「おい、俺に勲章だよ」

妻は何のことかわからない。

「なんの勲章？　喜劇人協会から？」

妻にしたって自分の夫が勲章を貰えるようなことをしたとは思っていない。

三月に文部省から正式な連絡が来た。夫婦での招待状も来た。まず妻が舞い上がった。

「着物作らなくちゃいけない」

「あるじゃないか、適当なやつ見繕ってさ」

「適当になんてそういうわけにいかないの。ちゃんと染めに出して、紋も付けなくっちゃ」

百何十万の帯も買わされた。

招待状に「モーニングで」とあるから自分も作ろうとした。

「そんな時間ないわよ。日本橋の三越に行って吊るしを買いましょ」

勲章の付け方が書いてある書面も送られてきた。斜めに付けると書いてある。斜めと言ったってどう斜めなんだか……近所の馴染みの洋服屋に聞いてみたがわからない。三越が知っていた。

受勲当日。まず、国立劇場に行った。ロビーに行くと三船敏郎がウロウロしている。

「叙勲おめでとうございます」

三船はニヤッと笑って、

「お互いにな」

「ここからどこにどう行くんでしょうかね」

「いや、俺も分からない」

「とりあえず、待ってみましょうか」

すぐにモーニングを着た叙勲者らしい一団がゾロゾロと歩き出した。係りの人間が来て、

「どうぞ、お席の方へ」

お席たってどこにいったらいいんだ。すると三船が、

「由利さん、こっちから、こっちから」

劇場の客席に座らされて何か儀式でもあるのかと思ったら、名前を呼ばれるだけだった。それが済むと、

「表に宮中に行くバスが待っていますので、何番から何番は何号車」

と言われた。妻と番号を確かめてバスに乗った。

バスが止まって宮中の門が開いた。中に入って駐車場に止まるとそのままバスの中で待たされた。四、五〇分は経ったろうか……。

「お手洗いをご利用の方がいらっしゃいましたら、宮内庁の職員宿舎の裏にございますから、そちらの方へ」

遅いんだよ。早く言えって。モーニングと着物姿の集団のほとんどがトイレに向かった。その全員が戻ってくるまでまた時間がかかった。それからまた一時間ほどが経って、やっと係員が来た。

「皆さん、私に続いて歩いてきてください」

バスを降りて全員がゾロゾロ歩いた。自分だけでなく周りのみんなが緊張していた。

連れていかれた建物に入った。廊下の幅だけでも自分の家の幅以上あった。長い廊下だった。

着いたところは階段のある広間だ。檜の壁を叩いてみた。ん？本物の木（もく）使っているな。

「由利さん、やめなさい」

後ろの人に言われた。

周りのモーニングと着物連中を見ると、落ち着きなくズーっとキョロキョロしているのは自分だけだと気付いた。

もう一方の壁を見ると松の木を描いた大きな絵がかかっている。誰が書いたのかなと近寄って見ると絵ではなく本物だ。もう一歩踏み出してガラスにガンと音がするほど頭をぶつけた。

窓に向いた大きなガラス戸はガラスが見えないほど綺麗に磨かれていた。正面に立つと宮中の庭の松の木は写実絵画のように整然として立派だった。

係の人が、これからの心構えを話し出した。

「静かに左を見て前へ進んでください。それからまたこっちをみてください。陛下がお見えになりましたら、正面を向いてください。礼はなさらなくても結構です」

しばらくして、

「陛下がお見えになりました」

天皇陛下はニッコリ笑って正面に立つと、右を見て軽く会釈して左を見て会釈して正面を見て会釈した。

由利の立つ位置は陛下の真正面だったから、バッチリ目が合ってしまった。向こうがニッコリしているもんだからこっちもニッコリを返した。思わずそこで「長万部」をやりたくなった。だが、さすがに理性がそれを我慢させた。

正直な話、このときは感激もしなかったし、嬉しくもなんともなかった。勲章を貰うより三百万貰う方がいいに決まっている。三百万貰ったら土下座してもいいなんてことを考えていた。

この勲章何か役に立つのだろうか？

セクハラしたり交通違反で捕まった時に、

「この勲章が目に入らないか」

とやったら効果があるならありがたいと思うが。やってみようか？　やめよう。翌日新聞に「由利徹、また逮捕！」なんて載ったら割に合わない。

2

平成六年四月、新宿コマ劇場で水前寺清子三〇周年記念特別公演『爆笑!!お江戸の恋物語』に出演していた。

思えば歌手芝居にもずいぶん出ている。

歌手芝居とは文字通り歌手が主役の主に時代劇の芝居と、歌謡ショーの二本立てという構成になる。

日劇の歌手のショーに出たのを入れると、昭和三〇年から始まるが、歌手芝居に出た最初はこのコマ劇場の村田英雄特別公演・歌謡まげもの喜劇『俺は素浪人』で、昭和四〇年のことになる。

あの時は、嵐勘十郎と宮城千賀子の他に森川信と佐山俊二が出ていたっけ。そのあとが四十六年の北島三郎の新宿コマ劇場での北島三郎・歌手生活十周年記念特別公演『花の兄弟仁義』。これを皮切りに歌手芝居が増えていく。四十八年には、新宿コマで村田英雄と北島三郎、浅草国際劇場の島倉千代子と年三本に増え、それからずーっと年に二、三本の歌手芝居に付き合ってきた。

歌手の座長公演は一部の涙と笑いのお芝居が終わったところで役者陣はお役目御免となる。

初めての付き合いになる水前寺清子の公演の一部が終了して、楽屋でクレンジング・クリームで舞台化粧を落としていた。

「依田です。お邪魔します。高平さんをお連れしました」

依田はコマのプロデューサーだが、高平って誰だっけ？

「あっ、どうぞ」

鏡越しに入ってきた二人を見た。……そうかこの男か。そういえば昨日、この人が仕事の話で来ると依田に言われていた。

「すぐに終わりますから、おい、水割り二つ持ってきて」

弟子が持ってきた氷を入れたグラス二つにシーバスリーガルを注いだ。飲みかけの自分のグラスにも足した。

「どっか店取ってあんの？」

今夜は依田とこの男と飲む約束をしていた。

「ここの下にあるしゃぶしゃぶ屋の座敷を抑えてあります」

「じゃ、それ飲んじゃったら行こう」

依田は歌謡ショーが終わるまでいなきゃならないので、男と二人で下に降りた。小綺麗な和室に通された。ここには一、二回来たかもしれないな。

……この男……そういやあの頃毎月会っていたな。赤塚や滝もいた。これが台本を書いているタモリのテレビ出演で何回か会っているけど、名前を度忘れしていた。

「今日さ、チータに言ったんだよ。食事に誘われたけど、今日はテレビや舞台の演出をしている有名な先生に会うからダメだって言ったのさ。そしたら、誰よ、その先生って聞くだろ。俺さ、オタクの名前忘れちゃってさ、なんか違う名前言っちゃって、誰その人って聞かれてさ。弱っちゃったんだよ。名前忘れちゃって……なんてったっけ？」

「高平です」

「そうそう、高平さん、高平さんだよな。度忘れしちゃって」

しらふで人に会うのはどこか恥ずかしいのでべらべら喋ってしまったが、脇の下が汗ばんできている。やっぱり名前忘れちゃうのは悪いよな。滝と赤塚の名前はすぐ出るが、いつも目の前にいる相手の名前が出てこないのだ。

高平の用件は二つあった。ひとつは自分の本の出版記念会で面白い話をして欲しいという話。もう一つは依田が制作でこの男が作・演出の来年やる芝居に出演する自分への挨拶だ。チータ座長の『女てなもんや三度笠』の地方公演である。

「芝居はちゃんとやるけどさ、オタクの出版記念会が困ったもんだな。俺、人前ですっぴんで話したことないからさ。おかしい話っていってもさ、コントならできるけど、メイクも衣裳も着けないでこのままやるんだろ」

「まぁそこを何とかお願いします」

そうだ、この男に会ったら話そうと思っていたことがあった。

「それよりさ、俺、ちっちゃいところでいいからさ、コントと、昔ムーランとかセントラルでやったようなコメディをやりたいんだよ。コメディアンじゃなくて、新劇の役者で脇固めてさ。ほら、何てったっけ、斎藤くん」

「斎藤晴彦さん？」

「そうそう、斎藤くん、11PMで一緒だった」

「そうでしたね。斎藤さんや所ジョージと毎週レギュラーでお願いしていました」

「うん、それと明な」

「坂田明？」

「そうじゃなくて」

「坂本明？」

「ほら、いるだろ、劇団やってる」

「柄本明ですか」

「そう、あいつも俺がやるといえば出るだろ」

柄本は面白い。山本晋也の日活ロマンポルノで一緒になった役者だ。あの時待ちの間に結構話をした。

「それとB作な」

「佐藤B作」

「あいつは俺に頭が上がんないはずだ」

「一回五〇〇円でしたからね」

「そう。それとよね子な」

「松金よね子」

よね子とは結構テレビで共演している。これもかなりいい喜劇女優と言える。

依田が来たのでその話は中断した。それから歌手芝居の話になってきた。

「由利さん、今年はコマの歌手芝居何本出演なさってます？」

「今年、来月共に小林幸子さんがあって、十二月に松原のぶえさんがありますから今月のチータ入れてコマで三本です」

依田が代わりに答えた。

「来年は大阪の飛天で小林幸子さん、うちで舟木一夫さんと小林幸子さん、その後が、我々がやるチータの地方公演です」

「いつ頃から、歌手芝居に喜劇役者が出るようになったんです」

しばらく二人に話をさせておいて由利は食べるのと飲む方に専念することにした。

「歌手芝居がコマの興行の中心になったのはいつごろからなんですか？」

「美空ひばりさんの公演あたりからでしょうね」

「由利さんに出演して貰うのは？」

「歌い手さんの芝居に必ずコメディアンを入れるているわけじゃないんです。でもまあ喜劇的キャラクターを持った人に限りますがね。コマでしか歌手とコメディアンの出会いというのはないかもしれませんね」

「依田さんは由利さんをどう見てるんですか？」

「尊敬してます」

聞こえない振りをしてしゃぶしゃぶした牛肉を口に放り込んだ。

「コマの由利さんの出方を見ると、重宝的に使われていると思うんだけど……。プロデューサーの立場から言いますと、企画を出す際に喜劇的なものをやっていきたいと思いますよ。由利さんを座長にしてね。うーん、まぁそれができないのは営業的な辛さでしょうね。由利さんを中心にして、喜劇の復活ということは常々社内で話に出ますけどね」

「由利さんは歌手芝居ってどう思われます」

高平がこっちに振ってきた。

「歌手が下だと思っちゃってる喜劇役者は、そんな歌い手とはやれないっていうけど、俺なんか大きな舞台は日劇か国際だからな。あそこは歌手が出てたんだし、コマよりずっと前から俺はあそこらで歌手と出てたから抵抗はなかったね。コマでもって西川峰子と細川たかしとやったときは、一部が俺の座長で『権三と助十』やって、二部が二人の歌謡ショーだったんだよな」

「そうでしたね」

「俺はとにかく、舞台に出演するって気持ちだけで出てんだよ。歌手は俺たちと同じじゃないもんなんて気はないよ。芝居に関しては優越感あるけどね。だから歌手にああしちゃだめですとか言ってやる――所作なんか教えてやってね。そうすると、その通りにやると客から拍手が倍来るからね。ただ一人とか二人の歌手に偏っちゃうとね。二、三カ月して、他の歌手にあいつには言ってやるのに俺には言ってくれないのかってね――その辺のバランスが難しいよ」

それから、また依田と高平で観客動員の話だとか、十二月はディナーショーと賞レースがあるから歌手芝居はできないだのといった話になった。自分にとっちゃぁ興味のない話だ。

そこで話の腰を折ることにした。

「あのさ、さっきの話だけどさ、斎藤くんとかそういう連中を集めて、一部は短いコントを機関銃のように並べて、休憩の後は『桃源郷』って色っぽいコメディをやるのさ」

「由利徹劇団ですね。いいなぁそのメンバー。ぜひ手伝わせてください」

「俺がさ、久米の仙人かなんかでさ、色っぽい女の観音様見て転げ落ちるんだよ、雲から。女は別に裸じゃなくてもいいんだよ。ただ、俺が女の上またいで腰動かしてアッハーンとか言うからさ、普通の女優にゃ無理なんだよ。ほら、いるだろ、岡本何とかってさ、セックスのこと平気で言う娘（こ）」

「岡本夏生ですか？」

「そうそう、あいつ。ちょっと色っぽいし、あれなら嫌がらないでやるだろう」

その晩はなんだかいろいろ喋ってしまったような気がした。

「あのさ、オタクが書いた『由利徹が行く』、あれ、ないのかって問い合わせが多いんだよ。うちにあるのは誰かが持ってっちゃったしさ」

「今、あの出版社で、あの本の再販と一緒に続編をまとめないかという話があるんです」

「俺ね、まだ面白い話がいっぱいあるんだよ」

またこいつに毎月会って昔の話をするのか。まあいいか、赤塚や滝にも会えるんならな。

3

平成六年暮れ、肺がんで入院している南利明の病室に行った。

南は酸素吸入器をつけて口は利けないが、あの泣き出しそうないつもの目で自分を見た。いつまでも見つめているので目をそらした。相変わらず人の目を見て話せないが、この時ばかりはそらした目をもう一度南の目に戻した。

南の妻が耳元で囁いた。

「ちょっとお話があるんで」

病室を出るように促した。

「南ちゃん、ちょっと出て売店でなんか買って来るから。すぐ戻ってくる」

先に病室を出た。少し遅れて妻が出てきた。

「由利さん、お願いがあるんです」

「なに?」

「来年二月に大阪公演がありますね」

「ああ、飛天ね」

「その飛天に一緒に行ってくれと南に言ってやって欲しいんです」

「もちろん一緒に行くつもりだよ」

南の容態が思わしくないので、南利明の名前はキャスティングから外されていた。

何食わぬ顔で病室に戻った。

「早く直せよ。来年二月に飛天があるだろう一月の十九日から稽古だからな。南、新地で行きたいクラブがあっただろう。稽古初日にあそこに行こうな」

南は由利の目を見て、悲しさと嬉しさの混じったような顔をしてゆっくりうなずいた。

「じゃ、明日また来るからな」

翌年一月十三日、南は亡くなった。

葬儀は飛天の稽古初日の前日に決まった。

あいつ、俺を葬儀委員長にしたくて、俺の都合に合わせて早死にしやがった。それを思うと無性に哀しかった。

一月十七日午前五時四十六分五十二秒、淡路島北部（あるいは神戸市垂水区）沖の明石海峡を震源として、マグニチュード七・一三の兵庫県南部地震が発生した。阪神・淡路大震災だ。道路・鉄道・電気・

水道・ガス・電話などが寸断されて広範囲において全く機能しなくなった。神戸市の大火災などで、すべてのマスコミが神戸に向かった。

十八日の桐ケ谷斎場の南利明の葬儀は芸能人にしては出席者も少なく、テレビ・クルーの姿は全くと言っていいほどなかった。葬儀場内のテレビ撮影は事前に断っていた。取材はすべて式場外としたのだが、テレビカメラは一台しかなかった。ほとんどのカメラは神戸に行ってしまったのだろう。新聞社も少なかった。

当然の如く由利が葬儀委員長を務めた。

納棺の時、南はスーツをきちんと着こなしていた。あいつ、最期まで気取って死にやがった。着るもんだって一部の隙もないよな。最後まで……。

読経の間、頭の中に自分よりずっと先に死んじまった仲間たちが浮かんだ。八波、佐山、伴、たこ……。

そうだ、石田英二もこの間死んじゃったんだ。あいつ、一緒に飲みに行くと、帰りに店のあまりもの持ってたっけな。アパートの一階の角部屋の四畳半に住んでて、野良猫が毎晩集まってくるからって、帰って持ち帰った残りもんを皿に載せるんだよ。あいつ、知らないうちに死んじゃったんだから……。息子や母ちゃんに捨てられてたった一人だったんだよなぁ……。

南、お前は一人で死んだんじゃない。家族のみんなと俺に看取られて……南、お前は幸せだったよなぁ……。

由利の弔辞になった。

内ポケットから昨夜きちんと筆で書いた弔辞を出した。弔辞を開く自分の手が震えているのがわかった。震え声で始まった。

筆で書いた文字を読み始めたが、途中でこんな書いてきたものを読んだって、心が伝わらないという気がして、読むのを止めた。

その後は思ったままの言葉を南に投げかけた。もう絶叫に近かった。

「八波ちゃんに死なれて、佐山ちゃんに死なれて……南、お前に死なれて俺はどうすればいいんだよぅ。死ぬ順番が逆じゃないか」

葬式はいつだって哀しすぎる。

4

平成七年九月、『女てなもんや三度笠』の地方公演の稽古が始まった。

稽古初日は座長の水前寺清子は来られないと聞いた。コマ劇場三階にある小さな稽古場だ。

前日に、チータと自分が絡むシーンを台本にしておいた。それを演出の高平のところに持って行った。

原稿用紙三枚程で、最後は「以下台本通り」と結んだ。

台本読みは、座長の水前寺清子のいないまま始まった。チータの部分はダンサーの女の子が読んだ。

昨日自分が書いたところに来たので、

「ちょっといい」

「どうぞ」

「ここはさぁ、ポンポンとチータと間でやるところだからさ、橋にちょっとチータの代わりやってもらいますから」

橋達也は演出助手に渡された由利の手書き台本を見ながらしきりにうなずいている。

稽古が始まった。テレビや映画を入れれば何百回にもなる稽古初日だ。この軽い緊張感が好きだった。

帰り際、気になっていることを高平に聞いた。

「それとさ、俺、今度の芝居で『花街の母』やろうと思ってんだけどさ、チータ大丈夫かなァ」

『花街の母』—もともとは『裁縫』と呼んでいた由利の十八番の一つだ。何よりも単独でできるので、弟子二人と歌い手一人でやるディナーショーでは必ずやっているネタだ。

金田たつえの『花街の母』に合わせて婆さんが裁縫をする。縫い針に頭の油をつけようとして頭を刺したりする。同じく十八番の『釣り』で針と糸のないのにまるであるように見せるのと同じで、ない針と糸で器用に裁縫をする。

「喜ぶんじゃないですか、面白いからって」

「そうじゃないんだよ。金田たつえの歌だろ。チータの公演で他の歌手のテープ流していいのかってさ」

「明日、水前寺さんが来たら、その部分やってみましょう。これは由利さんの持ちネタなんですから構わないと思いますよ」

「いや、チータ、気にしないかと思ってさ」

「もし問題があれば、座長に歌ってもらいましょう」

「それが一番いいんだけどなァ」

「でも由利さんの持ちネタだから、稽古場で座長が何も言わなかったらそのまま由利さんが編集したオリジナルのテープで行きましょう。そんなこと気にしないでください、水前寺さんのことですから。きっと冗談で『水前寺清子の芝居なのに何で他の歌手のテープ流すんだ』って由利さんを張り倒すくらいのこと、わざとするかもしれません」

「そんならいいんだけどさ」

それでもすっきりしない気持は晴れなかった。

稽古三日目の終了少し前に稽古を抜けて、着換えて新宿西口のセンチュリーハイアットに向かった。六時からここで『赤塚不二夫の画業四十年と還暦を祝う会』がある。会場に行くとバカボンの親爺姿の赤塚が駆け寄ってきた。

「わーい、嬉しいなァ。由利さんが来てくれた」

赤塚は本当に嬉しそうだった。

「由利さーん、こっち来て。由利さんとここでゆっくり飲めるように、座敷を作ったんですよ」

会場の中央に畳が敷かれ、一斗樽とテーブルと座布団が並べてあった。

「すいませんけど、靴脱いで上がってください。お姉さん、由利さんに水割り持ってきてー」

「赤塚さん、濃いのにして」

「わかりました。お姉さーん、由利先生の水割り、ウィスキー二倍にしてくださーい」

山本晋也も来た。

「由利先生ご無沙汰しております」

都知事になった青島幸男も来た。お互い懐かしがった。

由利は青島に会ったら言おうと思っていたことがあった。

「俺、青ちゃんが当選した時、ほんと嬉しかったよ。投票行ったもん」

青島は目を細めて笑った。

立川談志が来た。会うといきなり、

「由利さん、立川一門に入門しない？　赤塚も山本晋也も入門したんだよ」

「入会料とか取るんだろう」

「貰うけどさ、赤塚や監督はみんなと一緒で十万払ってる」

「やだよ、俺。十万払うなんて」

「由利さんは入会金九百円でいいよ。九百円なら入ってくれるな」

「わかった─入るよ」

面倒臭いからそう答えておいた。

翌日立川流の事務所から電話があり、入会金十万円の振込先を言ってきた。

由利は本当に困った。そんな金、妻に言っても振り込んでくれるわけはない、もちろん赤塚マネージャーだって払わないだろう。

髙平に電話して、いきさつを話した。

「十万も俺、払えないよ」

「大丈夫です。ぼくも入れと言われましたが、ぼくは今更人前で落語をやる気は全くないんで無視しています」

「じゃ、俺も無視していいな」

「大丈夫です。放っておけばいいんじゃないですか」

少しばかりほっとした。


明日が初日だ。朝から明後日の台風上陸のニュースばかりだ。

十一時半に高平が自分の事務所のワンボックス車で迎えに来た。行く先は明日が初日の千葉県旭市。

二時半前に東総文化会館に着いた。

楽屋に入ると舞台監督が来た。

「四時から二時間の場当りをします。七時から一幕だけの通し。二幕の通しは明日の十時半から。本番は二時からです。よろしくお願いします。座長ですが群馬で仕事をなさっていて劇場には六時頃到着なさいます」

座長も加わった一幕の通しが終わって解散になった。高平が楽屋に来た。

「由利さん、申し訳ありません。座長から今話がありまして、『花街の母』が気になるって」

悪い予感が当たった。

「すいません。ぼくの配慮が足りなくて」

「やっぱりな。そう言ったろ。俺もまずいと思ったんだよ。止めようか、俺」

「いや、そうじゃないんです。最初は気になさってなかったんですけど、金田さんの歌を後ろで聞いているのが辛いということなんで」

「そうだよな、あんとき気づいていりゃあよかったんだよなぁ」

「ご本人が『あたしが歌うのならいいんじゃない』と言われているんです。それでカラオケを買ってこようと思いましたが、ここから銚子まで四十分かかるし、もう開いてる店もないんで、明日、朝一番で『花街の母』のカラオケを探して、座長で録音しちゃおうという話になったんです」

「やばいんじゃないかと思ってたんだよな」

もっと早く言えよ。

「ぼくの責任です。稽古場で座長からクレームが出なければやっちゃおうって言ったのはぼくです。そのことも座長に言いました。すいません。余計なご心配をおかけしまして……」

「ま、チータに歌ってもらう方が俺もいいんだよな」

今夜の泊りは田舎にしては小綺麗なビジネスホテルだ。

それにしても気が重い。まずは部屋に入った。みんなと飲みに出る気はまるで起きない。弟子に氷を取ってこさせて部屋飲みに決めた。テレビを見ながら弟子たちと一時間ほど水割りを飲んだ頃、ドアにノックがあった。十一時半だ。

「はい」

「橋です」

ドアを開けてやった。なんだか暗い表情の橋がいる。

「入んなよ」

由利はベッドに腰かけ、橋を椅子に座らせた。

「あのぉ、座長に今呼ばれまして」

「なんかあったのか?」

「お熊婆ぁの首くくりのところ長すぎるのでやめて欲しいって言われたんです」

「長かったかな」

自分の見せ場だと思ってやっている『お熊婆ぁの首くくり』と『花街の母』の二つのコントが問題に

なっている。由利はまた暗い気持ちになった。

「それと……」

「まだあんのか？」

『『オシャマンベ』を子分たちが一緒にやる場面があるでしょ。あそこ揃ってないから、その後が出にくいとか……」

「『オシャマンベ』、チータの芝居には下品かもしれないな」

「いや、座長は由利さんのこと尊敬していて、由利さんときちんと芝居をしたいって言ってます。役者としての由利さんと……」

「ま、旅は長いからさ、気分良くいきたいから、直すんなら今のうちだよな。分かった。今日はもう寝よう」

その晩はよく眠れなかった。一晩中、座長に言われた三つの場面をどうするかで悩んだ。

朝起きて七時まで待って、昨日の話を高平に電話した。

「わかりました。すぐ橋さんに電話して対抗策を考えます」

橋を呼んで次郎長と子分たちの「オシャマンベ」の部分を整理していた。

しばらくして高平が依田と部屋に来た。橋が二人に言った。

「今『オシャマンベ』のところ整理してたんです。でも由利会長、これでずいぶん整理されましたよね」

いつもは由利さんと呼ぶ橋が俺を由利会長と呼んでいる。変な感じがした。

入ってきた二人をベッドに座らせた。

「いやぁ、びっくりしたよ。昨夜、ここで弟子たちと飲んでたらさ、橋が急にチータに呼ばれたって、それで俺も眠れなくなっちゃって」

依田が言った。

「首くくりを切って欲しいというのは？」

橋が答える。

「いや、あそこが長いと、次に行きにくいってことなんです。次郎長の出は今整理中で、もうできましたし。ね、会長、あそこはこれでいいですよね」

「俺、『花街……』やめようか？」

「いや、そういう問題じゃないですから」

依田が言った。

「高平さん、座長と話しましょう」

「そうですね。二幕の通しをする前に劇場で。そこで座長の真意を聞いて、それから由利さんと相談するということにしておきませんか？　絶対、悪い方向には持って行きませんから、安心なさってください」

こっちは黙っていた。

「じゃ、由利さん、ロビーでお待ちしてます」

外は台風の影響で、強い風と細かな雨が降っていた。高平の車に振付の土居甫と乗込んだ。何となく雰囲気が暗い。自分のせいかな。そこで、

「ゆんべさ、眠れないから有料チャンネルつけたらさ、いきなり出てきたのが西川峰子の裸なんだよ。俺がこんなに悩んでるのに、この野郎裸でアッハーンはないだろうって」

小さな笑いを取った。

楽屋でメイクを始めた。出来上がったころ高平が来た。

「今、座長と話してきました。橋さんが言われるほど座長は深刻じゃなかったですよ。尊敬している由利さんとビシーッと芝居がしたいって。由利さんにはふざけるとこはふざけてもらって、締めるところはきちんと二人でやりたいって。それで、『花街……』は今カラオケ探しに行っています。ホテルの裏に小さなデパートみたいなのがあって、そこが十時に開いたらすぐ舞台監督に行かせます。『首くくり』

のところは、今日の初日はそのままやろうということになりました。今日の終演後、由利さんと相談して『首くくり』か『花街……』のどちらかを切りますと言いました。流れの問題で」

予定を十五分遅れて二幕の通しが始まった。次郎長と子分の「オシャマンベ」もスムーズにいった。

通しが終わって、楽屋に髙平が来た。

「今、座長と話したところなんですが、二幕がとてもやり易くなったって。『オシャマンベ』もやり方でちっとも下品に見えなかったって。由利さんに謝っておいてくださいと座長がおっしゃっていました」

大きなため息が出た。ほっとしたのだ。

「それから、カラオケ見つかりました。裏の小さなデパートにレーザーディスクの『花街……』のカラオケがあったんです。それを電化製品売り場に持って行って、テープに録音してもらったそうです。今、録音室で座長が歌を入れています」

よかった。初日本番直前にすべてが順調に動き出した。

無事初日が終わった。客の笑いの反応は予想以上だった。『首くくり』も『花街……』も大爆笑が来た。

楽屋で化粧を落としているところに髙平が来た。晴れ晴れとした顔をしていた。

「今、座長と話してきました。『すいません、わたしの間違いでした』って。『花街の母』が座長の歌になっただけで急に楽になっちゃったそうです。それで座長が『由利さんのところあのままにしてください』って」

胸に重くのしかかっていたものがいっぺんになくなった。

「座長、『私、由利さんに謝りに行きましょうか？』って言われたんで、いいです、由利さんは照れ屋ですからと断っておきました」

着替えが済んで、高平の車に乗った途端、シーバスの水割りが出てきた。

「いやぁー、今日は気持ちが良かったよ。受けたよなぁ。他の問題も解決したし、ほんと気持ちがいいよ」

高平と土居と乾杯した。

「朝、俺、帰っちゃおうかと思ったよ」

「そうなったらご一緒していました」

東京に入ってしばらくしてから高平と二人だけになった。今日はメモもしないしテープも回さない会話だ。

「オタクにまだ話してない女の話があるんだ」

気分がいい時に飲むとどうしても、相手を喜ばそうと思って猥談になってしまう。この日は珍しく、高平が女の失敗談を話しだした。考えてみるとこの男から女の話を聞いたのは初めてだ。なんだか安心した。

「オタクさ、結構面白いんだねえ」

車は戦後最大と言われる台風に向かって東関道を突っ走った。

5

十一月の終わり、下落合の赤塚不二夫の自宅を訪ねた。テレビ東京の年末の特番で赤塚不二夫の特集をやるらしい。還暦パーティから、昔のアシスタントたちが三日で長編を仕上げるまでをドキュメントにすると聞いていた。パーティで由利と赤塚の親密ぶりを撮れてなかったので、今日の自宅での対談が実現したのだ。

高平も来ると聞いていたので、来年の二月十二日にやる長男の結婚披露宴の招待状を赤塚と二人に渡すいいチャンスでもあった。

赤塚の自室の大きな炬燵に座ったものの、どうにも恥ずかしかったが、なんとか招待状を赤塚に渡せた。

撮影は段取り通りだった。

赤塚が目に涙を浮かべて母親の話をする。

「満州で生き別れになって」

すかさず由利が、

「俺も子供の頃、貧乏だったんだけどいい着物着せたいって、母親が夜なべをして……」

ここで段取り通り『花街の母』がかかる。そこからはいつものネタだ。

それで撮影は終わった。それからも二人でひたすら飲み続けた。時計を見るとまだ昼間の三時半だ。

まだまだ二人の勝手な話しは続いた。ここもカメラは回っている。

赤塚は
「由利さんはスケベで大好きだ」

と何度も連発した。

「不二夫ちゃんのことは俺大好きなんだよ」

赤塚に「不二夫ちゃん」と呼んでくれと言われてから、初めて使ってみた。

平成八年一月八日、三橋美智也が亡くなった。

三橋が日劇に初出演した時から付き合っている。劇場に出ているときは、三日に一回は向島に誘われた。女もつけてくれて小遣いもくれた。とにかく金払いのいい歌手だった。

大阪の飛天で小林幸子の舞台に出ていたが、風邪気味なので病院で点滴をしてから早めにホテルに帰った。

部屋で追悼番組を見ていると、やせ細った三橋の死ぬ直前の映像ばかりが流れていた、もっと元気な時の三橋の絵があるだろう。これじゃあ可哀想すぎる。

冷蔵庫にあった日本酒をバスルームの洗面台にお湯を張って温燗にした。軽く日本酒をやって睡眠薬を飲んで寝ようと思っていたが、温燗三本飲んでも調子がいい。つまみを少し食べて四十分ぐらいしたところでウトウトしていると、誰かの気配がする。ベッドサイドの灯りの向こうにボーっと人影が見えた。

「どうも、誰？」

それは正塚婆さんだった。

正塚婆ぁというのは三途川の渡し賃の六文銭を持たずにやってきた亡者の衣服を剥ぎ取る老婆の鬼のことだ。石巻の田舎では、白髪で白い腰巻をした掃除の婆さんのことをそう呼んでいた。

その正塚婆さん、よく見ると、白髪頭の高平なのだ。もう一度確かめようとしていると、高平の姿はなくなっていた。

なんだか気持ちが悪いので起きることにした。こりゃ大阪にいるうちに、俺、途中で死んじゃうんじゃないか——本当にそう思った。

翌日心配になって医者に診てもらった。心臓も悪くないし、いろんな数値も悪くない。風邪の症状はある。医者に聞かれたので、

「十種類以上の抗生物質を飲んでます」

下痢はしていない。何か食いたくなって食うと吐き気がする。もう一回レントゲンを撮ったら、腸の裏らっ側になんか黒いもんがあると言われた。

ホテルに戻って下剤を飲んで渡された座薬を入れた。

水割りを飲み始めたら三〇分くらいしてトイレに行きたくなった。トイレで吐いた。口から真っ黒いものが出てきた。鏡を見たら顔が真っ青だ。大便にもやっぱり黒いものが出てきた。呆然とした。

もう一度医者に引き返した。

検査の結果、

「大腸ですね」

医者の説明によると、便が下に降りようとするのを抗生物質が止めてしまううちに大腸に溜まってし

まったのだという。

「うちの生薬を飲んでください」

要するに栄養失調だったのだ。酒を飲んで、ものを食べない。

「何でも食べなきゃだめですよ」

これからはなんでも食べるようにしよう。戦地で一回、戦後すぐに一回、今度で三回目の栄養失調だった。

帰ってホテルのテレビで横山やすしの死を知った。

その晩夢を見た。

高平が由利にスポーツ新聞を見せに来た。

新聞の見出しには「喜劇の巨星堕つ」とある。

「これ、先生のことじゃないですか?」

「冗談じゃない。去勢はしたけど、俺まだ生きてるし、飛行機だって運転できるし」

「先生、飛行機の免許持ってません」

あれはどういう意味がある夢だったんだろう。

二月十二日は建国記念日の振替休日だった。

夕方五時から東中野の日本閣で長男裕二の結婚披露宴がある。さすがに朝から落ち着かなかった。栄養失調以来酒は止めていたが、昼頃から水割りをやり始めた。

日本閣のロビーで早めに来た客に挨拶をしていた。

赤塚夫妻に続いて髙平夫妻が現れた。

「由利さん、飲んでるんでしょう？」

いきなり赤塚に言われた。

「先月から、医者に止められて休んでたんだけど、今日は解禁日みたいだなぁ」

「俺はもう四杯もいただいてまあーす」

赤塚夫妻は二十分ほど前に来ていたとわかった。

「薄ーい水割り三杯までって約束したのに」

と赤塚夫人。

側にいた髙平に、この間見た夢の話を始めた途端に、

「そろそろ始まりますから」

と式場の係に告げられた。

披露宴が始まった。

司会の加藤が口火を切った。

「……本日司会の大役を務めますのは、東宝の役者というより由利徹一座の座員であります、加藤春哉と申します」

祝辞が終わると頼んであった赤塚不二夫の乾杯の音頭だ。赤塚は新郎に向かって、

「初めまして……えーと、お父さんどこにいるのォ、こっち来て一緒に乾杯しようよ。それと高平もおいでよ」

赤塚に頼まれちゃあ仕方がない。

赤塚のマイクの横に立って、

「父親はこういうとこに立つもんじゃないよ。えっと、高平さんもこっち」

こうなりゃ、赤塚の言うとおりになってやろう。

赤塚を挟んで向こうに髙平が並んだ。

「えーぼくの大尊敬する由利先輩です。ぼくは由利徹が大好きです。かんぱーい！」

歓談タイムも終わり、お色直しを終えて新郎新婦が戻ってきた。入口で撮影会が始まった。新郎の父親としてカメラを持って近づいた。裕二の奴、どうして下向いて猫背なんだ。息子の顔を上げさせて、

「まったく、こいつはこうして歩くんだから」

と、息子の方を向いて泥棒みたいな歩き方を真似して見せた。

歓談は赤塚と高平がいるテーブルで楽しくやることにした。

「ここね、水割りのセットね」

ボーイに頼む。高平はレミー・マルタンのVSOPが好きだ。

「オタクはレミーだよね。今日はXOを用意したよ。シーバス十何本にレミーのXO。俺、全部自分で持って来たんだから」

「先生、写真撮らせてよ」

振り向くとチャー坊が使い捨てカメラを構えている。

「撮ったらあっち行ってろ、お前は」

「彼はどっか行っちゃったんじゃないですか?」

「あいつ今、フィリピンに住んでんだよ。向こうで嫁さん貰って、息子にトールって名前を付けやがって。俺に書かせたサイン入り色紙持って行って、皆に『日本で有名だ』って―知らねえよなぁ」

なんだか楽しくて仕方がない。息子が結婚したからではなく、赤塚や高平が自分のために息子の披露宴に来てくれたことが嬉しくてたまらない。

スピーチが始まった。最初は八波の息子の八波一起だ。

「……最近、うちの親爺の名前を知っている人がいなくなりました。由利徹とコンビを組んでやっていたのがうちの親爺ですといっています。八波二世と言われましたけど、コメディアンにならないでよかったと思います。親爺がどうだからこうだからじゃないですけど、隔世遺伝でぼくは中継点だと思います。親子たちのところで断線してるんですから、裕二くんも早いとこお孫さん作って、そのお孫さんに由利徹さんを継がせたら、僕をマネージャーにでもしてください」

締めは橋のスピーチだった。それが終わって裕二が挨拶した。

「ありがとうございました。本日はあたしどものために、ありがたい数々のお言葉をありがとうございました……」

赤塚と高平に挟まれて二人に聞こえるように言った。

「だいたい話が下手なんだよ。この幕が開いてずっと俺一人でやってりゃうまくいったんだよ……」

だいぶ緊張が解けてきたなと自覚した。いい気持だ。

そろそろ長いなと思った裕二のスピーチを止めようと立ち上がってマイクを奪った。

「いつもわたしが喋ると必ず出て来る人がいる。ほんとは嫁のお父さんにお願いしたいんですけど、ここでひとつこの人に喋ってもらっていいですか？　赤塚さんどうぞ！」

裕二もつられて。

「赤塚先生、どうぞ」

赤塚が嬉しそうに壇上に上がった。

「ぼくはお嫁さんと新郎とは初めてだけど、由利さんには二十何年お世話になっているから、そういった意味でこういうチャンスにお呼びいただきありがとうございます」

由利がマイクを奪った。

「わたしの本を出すという人であすこにいる高平さんも来てください」

赤塚がマイクを奪って話を続ける。

「ぼくと由利先生とはずーっと昔から馬鹿です。人間ずーっと馬鹿でいたいという精神を持っている人は素晴らしいと思うんです。森繁や伴淳は途中から偉くなりましたが、この人はずーっと馬鹿」

司会の加藤が、

「勲章もいただいています。馬鹿じゃありません」

加藤、それ以上言うなよ。そこまではいい間だ。

赤塚が続ける。

「でもこの人は一生馬鹿で偉い！」

そろそろ赤塚を止めようと思ってマイクを奪った。

「余計なこと言うなよ……ではここで高平さんに一言」

今日は本当に楽しかった。由利は、今日来てくれた数少なくなった友達に感謝した。

6

平成十年十一月の新宿コマ劇場の座長は吉幾三だ。俺も相変わらず歌手芝居専門だな。

稽古場からどうも調子が良くない。五月で七十七になった。八波、佐山、たこ、南……みんな七十七までは生きられなかった。そう考えると生き過ぎかなとも思う。一方で、まだまだじゃないかという気もする。

千秋楽の前日だった。朝から調子が悪い。滑舌もはっきりしないありさまだ。休んじゃおうかと思ったが、もう一日だ。もう一日頑張ろう。

楽屋にいると依田が顔を出した。

「由利さん、顔色が良くないけど大丈夫ですか？」

大丈夫と答えるのも億劫で、ただ力なくうなずいた。

やばいかなと思ったのは最初の出番の時だ。台詞が上手く喋れない。その場は何とかごまかせた。次の出番までは何とかやった。だがこれまでだと思った。役者にとって台詞がうまく喋れないのは致命傷だ。

「由利さん、病院に行きましょう。舞台は何とか続けますから」

まだ出番はいくつかあった。だが、この調子じゃ舞台に出ても迷惑をかけるだけだ。

「申し訳ないことしちまったな」

そのまま弟子やコマの人間に抱えられるようにしてコマ裏の大久保病院に緊急入院した。

注射のせいかベッドの上でもうろうとしていた。医者らしい声が聞こえる。

「腹水が溜まってますね……かなり病状は重いです」

そんな声が遠くの方でした。

それからはっきりしたりぼーっとしたりする毎日が続いた。

どうやら年も明けたらしい。平成八年か……。

古畑先生だ。そうだ、暮に池尻大橋の古畑病院に移ったんだ。

「由利さん、うちに来なさいよ。ここより気楽だよ」

この先生に言われてそうしたんだ。

「どう？　調子は？」

いい分けねえよと言いたかったが、古畑を見てニコッと笑った。それが返事だ。

肝臓癌……飲み過ぎたな。

ここまでか……。


「由利さん、由利さん」

聞いたことのある声だ。

「由利さん！」

「呼んでもだめですよ。もう意識はないんだから」

またあの婆ぁだ。介護だか付き添いだかの婆ぁだ……意識はあるよ。こないだ不二夫ちゃんが来てくれたことだってちゃんと知っているんだ。

「由利さん、高平です！」

高平か。そっと目を開けた。高平だ。

「正塚婆ぁが迎えに来たんじゃないですよ」

そうだ、正塚婆ぁだ。由利は高平を見つめた。

俺、こんなにちゃんと相手を見たことってなかったんじゃないか。頬が緩んだ。

「あっ、由利さん、笑いました」

「気のせいだよ。意識ないんだから、笑うはずないよ」

この馬鹿ぁ、俺は笑ったんだよ……今、笑ったんだよ……俺。

もうすぐ俺の時代も終わりだ。

もうすぐ喜劇役者の時代も終わりだ。

誕生日を越えて一週間が経ったようだ。そろそろだな。

そして平成八年五月二十日、喜劇役者の時代が終わった。

〈参考文献〉

『わが心のムーランルージュ』（横倉辰次著　三一書房、1978年）『由利徹がゆく』（高平哲郎・著　白水社、1981年）『たこでーす』（たこ八郎・著　アス出版、1983年）『由利徹の過激にオモシロ本』（由利徹・著　ブックマン社、1984年）『由利ちゃんの誰にもいうんじゃないぞ』（由利徹・著　廣済堂出版、1985年）『それでも由利徹がゆく』（高平哲郎・著　白水社、1996年）

石巻方言を指導してくださった　中村雅俊氏、菅原大吉氏、半海一晃氏に深く感謝いたします。

喜劇役者の時代 THE last COMEDIAN

2019年7月14日　初版発行

著者　高平哲郎

発行人　松野浩之
編集人　新井治

アートディレクション　千原徹也（れもんらいふ）
デザイン　川崎塁（れもんらいふ）
方言監修　中村雅俊・菅原大吉・半海一晃
編集協力　立原亜矢子
校正　高向美帆
営業　島津友彦（ワニブックス）

発行　ヨシモトブックス
〒160-0022　東京都新宿区新宿 5-18-21
☎ 03-3209-8291

発売　株式会社ワニブックス
〒150-8482　東京都渋谷区恵比寿4-4-9　えびす大黒ビル
☎ 03-5449-2711

印刷・製本　株式会社光邦

ISBN：978-4-8470-9778-2　C0095